COUVERTURES SUPERIEURE ET INFERIEURE
DETERIOREES

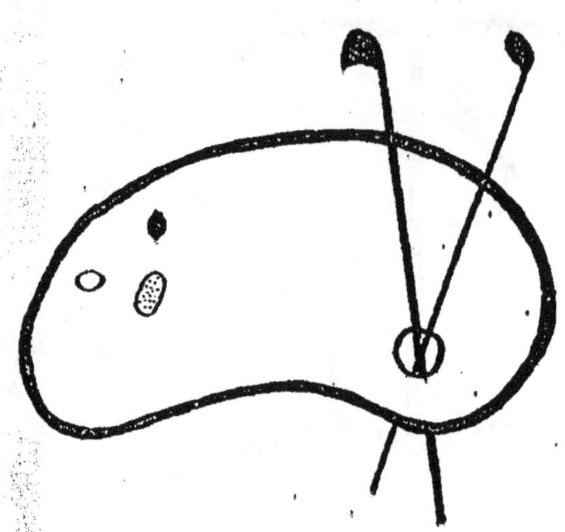

DEBUT D'UNE SERIE DE DOCUMENTS
EN COULEUR

SCIENCE ET RELIGION

Études pour le temps présent

LA FIN DU MONDE

D'APRÈS LA FOI

PAR

M. l'Abbé THOMAS

Vicaire général de Verdun

DEUXIÈME ÉDITION

PARIS

LIBRAIRIE BLOUD ET BARRAL

4, RUE MADAME ET RUE DE RENNES, 59

1900

SCIENCE ET RELIGION

Études pour le temps présent. — Prix : 0 fr. 60 le vol.

— **Certitudes scientifiques et certitudes philosophiques**, par le R. P. DE LA BARRE, S. J., prof. à l'Institut catholique de Paris. 1 vol.
— *Du même auteur :* **L'Ordre de la nature et le Miracle.** 1 vol.
— **L'Ame de l'homme**, par J. GUIBERT, supérieur du séminaire de l'Institut catholique de Paris. 1 vol.
— **Faut-il une religion ?** par l'abbé GUYOT. 1 vol.
— *Du même auteur :* **Pourquoi y a-t-il des hommes qui ne professent aucune religion ?** 1 vol.
— **Nécessité scientifique de l'existence de Dieu**, par P. COURBET. 1 vol.
— *Du même auteur :* **Jésus-Christ est Dieu.** 1 vol.
id. **Convenance scientifique de l'Incarnation.** 1 vol.
— **Etudes sur la pluralité des mondes habités et le dogme de l'Incarnation**, par le R. P. ORTOLAN
I. — *L'Epanouissement de la vie organique à travers les plaines de l'infini.* 1 vol.
II. — *Soleils et terres célestes.* 1 vol.
III. — *Les Humanités astrales et l'Incarnation.* 1 vol.
— *Du même auteur :* **La Fausse Science contemporaine et les Mystères d'Outre-tombe.** 1 vol.
id. **Vie et Matière ou Matérialisme et spiritualisme en présence de la Cristallogénie.** 1 vol.
id. **Matérialistes et Musiciens.** 1 vol.
— **L'Au delà ou la Vie future d'après la foi et la science**, par l'abbé J. LAXENAIRE. 1 vol.
— **Le Mystère de l'Eucharistie. — Aperçu scientifique.** par l'abbé CONSTANT. 1 vol.
— *Du même auteur :* **Le Mal,** sa nature, son origine, sa réparation. 1 vol.
— **L'Eglise catholique et les Protestants**, par G. RONAIN. 1 vol.
— *Du même auteur :* **L'Inquisition**, son rôle religieux, politique et social. 1 vol.
— **Mahomet et son œuvre**, par I. L. GONDAL, professeur d'apologétique et d'histoire au séminaire Saint-Sulpice. 1 vol.
— *Du même auteur :* **L'Eglise Russe.** 1 vol.
— **Christianisme et Bouddhisme** (*Etudes orientales*), par l'abbé THOMAS, vicaire général de Verdun. 2 vol.
— *Du même auteur :* **Dieu auteur de la vie.** 1 vol.
id. **La Fin du monde d'après la Foi.** 1 vol.
— **Où en est l'hypnotisme**, son histoire, sa nature et ses dangers, par A. JEANNIARD DU DOT, auteur du *Spiritisme dévoilé.* 1 vol.
— *Du même auteur :* **Où en est le Spiritisme.** 1 vol.
id. **L'Hypnotisme et la science catholique.** 1 vol.
id. **L'Hypnotisme transcendant en face de la philosophie chrétienne.** 1 vol.

— **L'Apologétique historique au XIX⁰ siècle. La Critique irréligieuse de Renan**, etc.. par l'abbé Ch. Denis.   1 vol.

— **Nature et Histoire de la liberté de conscience**, par l'abbé Canet.   1 vol.

— **L'Animal raisonnable et l'Animal tout court**, par C. de Kiswan.   1 vol.

— **La Conception catholique de l'Enfer**, par l'abbé Brémond. 1 vol.

— **L'Attitude du catholique devant la Science**, par G. Fonsegrive.   1 vol.

— *Du même auteur* : **Le Catholicisme et la Religion de l'Esprit.**   1 vol.

— **Du Doute à la Foi**, par le R. P. Tonerbize, S. J,   1 vol.

— *Du même auteur* : **Opinions du jour sur les peines d'outre-tombe.**   1 vol.

— **La Synagogue moderne, sa doctrine et son culte**, par A. F. Saubin.   1 vol.

— *Du même auteur* : **Le Talmud et la Synagogue moderne.** 1 vol.

— **Evolution et Immutabilité de la doctrine religieuse dans l'Eglise**, par M. Prunier, supérieur de grand séminaire.   1 vol.

— **La Religion spirite, son dogme, sa morale et ses pratiques.** par I. Bertrand.   1 vol.

— *Du même auteur* : **L'Occultisme ancien et moderne.**   1 vol.

— **L'Hypnotisme franc et l'Hypnotisme vrai**, par le Docteur Hélot.   1 vol.

— **L'Eglise et le Travail manuel**, par l'abbé Sabatier,   1 vol.

— **Unité de l'espèce humaine**, *prouvée par la similarité des conceptions et des créations de l'homme*, p. le marquis de Nadaillac.   1 vol

— *Du même auteur* : **L'Homme et la Singe.**   2 vol.

— **Le Socialisme contemporain et la Propriété**, par M. G. Ardant.   1 vol.

— **Pourquoi le Roman à la mode est-il immoral et pourquoi le Roman moral n'est-il pas à la mode ?** p. G. d'Azambuja.   1 vol.

— **Comment ce sont formés les Evangiles ?** par le P. Th. Calmes, professeur au grand séminaire de Rouen.   1 vol.

Viennent de paraître :

— **L'Impôt et les Théologiens**, *Etude philosophique, morale et économique*, par le comte de Vonges, ancien ministre plénipotentiaire, membre de l'Académie de Saint-Thomas, etc., etc.   1 vol.

— *Du même auteur* : **Les Ressorts de la Volonté et le libre arbitre.**   1 vol.

— **Nécessité mathémathique de l'existence de Dieu**, *Explications. — Opinions, Démonstrations*, par René de Cléré,   1 vol.

— **Saint Thomas et la Question juive**, par Simon Deploige, professeur de l'Université Catholique de Louvain.   1 vol.

— **Premiers principes de Sociologie Catholique**, par l'abbé Naudet.   1 vol.

— **La Patrie.** — *Aperçu philosophique et historique*, par J. M. Villefranche.   1 vol.

— **Le Déluge de Noé et les races Prédiluviennes**, par C. de Kirwan.   2 vol.

— **La Saint-Barthélemy**, par Henri Hello.   1 vol.

— **L'Esprit et la Chair**, *Philosophie des macérations* par Henri Lasserre, auteur de *Notre-Dame de Lourdes*, etc., etc.   1 vol.

— **Le Problème Apologétique**, par l'abbé C. Mano, docteur en philosophie. 1 vol.

— **Le Levier d'Archimède ou la Mécanique céleste et le Céleste mécanicien**, p. le R. P. Ortolan. 2 vol.

— **Ce que le Christianisme a fait pour la femme**, par G. d'Azambuja. 1 vol.

— **L'Hypnotisme et la Stigmatisation**, par le Dr Imbert-Gourbeyre. 1 vol.

— **L'Education chrétienne de la Démocratie**, *essai d'apologétique sociale*, par Ch. Calippe. 1 vol.

— **La Religion catholique peut-elle être une science ?** par l'abbé G. Frémont. 1 vol.

— *Du même auteur :* **Que l'Orgueil de l'Esprit est le grand écueil de la Foi**, *Théodore Jouffroy, Lamennais, Ernest Renan*. 1 vol.

— **La Révélation devant la Raison**, par F. Verdier, supérieur de Grand Séminaire. 1 vol.

— **Confréries musulmanes**. — *Histoire, Discipline, Hiérarchie*, par le R. P. Petit. 1 vol.

— **Pratique de la Liberté de conscience dans nos Sociétés contemporaines**, par l'abbé Caner. 1 vol.

— **Comment peut finir l'Univers**, d'après la science, par C. de Kirwan. 1 vol.

— **Les Théories modernes de la Criminalité**, par le Docteur Delasses. 1 vol.

— **Faillite du Matérialisme**, par Pierre Courbet, 3 vol. *se vendant séparément :*

I. — *Historique*, 1 vol.

II. — *Discussion ; l'atome et le mouvement.* 1 vol.

III. — *Discussion ; l'éther, le gaz, l'attraction. Conclusion.* — *Appendice.* 1 vol.

— **Le Globe terrestre**, par A. de Lapparent. Membre de l'Institut, professeur à l'Ecole libre des Hautes Etudes, 3 vol. *se vendant séparément.*

I. — *La Formation de l'écorce terrestre.* 1 vol.

II. — *La nature des mouvements de l'écorce terrestre.* 1 vol.

III. *La Destinée de la terre ferme et la Durée des temps.* 1 vol.

— **De la Connaissance du Beau**, *sa définition, application de cette définition aux beautés de la nature*, par l'abbé Gardair, archiprêtre de la Cathédrale de Nantes, 1 vol.

— **Le Diable dans l'Hypnotisme**, par le docteur Ch. Helot. 1 vol.

— **De la Prospérité comparée des nations protestantes et des nations catholiques**, *au point de vue économique, moral, social*, par le R. P. Flamérion, S. J. 1 vol.

— **L'Art et la Morale**, par le P. Sertillanges, dominicain, docteur en théologie. 1 vol.

— **La Sorcellerie**, par J. Bertrand. 1 vol.

— **Qu'est-ce que l'Ecriture sainte ?** *Les Livres inspirés dans l'antiquité chrétienne : Théorie de l'inspiration*, p. le P. Th. Calmes 1 vol.

St-Amand (Cher). — Imprimerie Destenay, Bussière frères

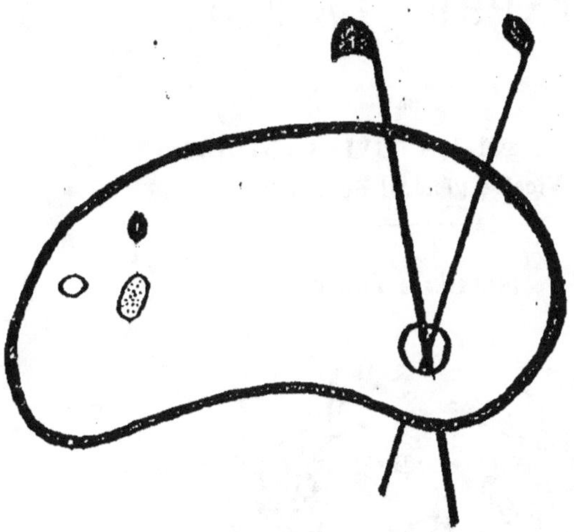

FIN D'UNE SERIE DE DOCUMENTS
EN COULEUR

SCIENCE ET RELIGION
Études pour le temps présent

LA FIN DU MONDE

D'APRÈS LA FOI

PAR

M. l'Abbé THOMAS
Vicaire général de Verdun

DEUXIÈME ÉDITION

PARIS
LIBRAIRIE BLOUD ET BARRAL
4, RUE MADAME ET RUE DE RENNES, 59
1900

LA
FIN DU MONDE D'APRÈS LA FOI

CHAPITRE PREMIER

LA FIN DU MONDE D'APRÈS LE DOGME RÉVÉLÉ

Le monde présent cessera un jour d'exister, du moins quant à sa forme actuelle, tel est l'enseignement de l'Ecriture, en particulier du Nouveau-Testament, la tradition universelle et constante de l'Eglise chrétienne, la croyance unanime des fidèles : « Le ciel et la terre passeront, » dit le Sauveur (1). Aux prédictions qui concernent les derniers temps se rattachent celles qui ont pour objet les fins dernières de l'homme, la *Parusie* (2) ou second avènement du Christ, la résurrection générale, le jugement universel et ses conséquences. Le fils de Dieu réapparaîtra visiblement sur la terre, glorieux et triomphant, pour juger les vivants et les morts ressuscités : ce jugement définitif marquera la fin du monde présent et la transformation de l'Eglise militante en royaume éternel. Alors le royaume de Dieu sera consommé par la glorification des justes et le châtiment des pécheurs, glorification et châtiment qui dureront autant que Dieu même.

1 Matth. XXIV, 35.

2. Parusie, du grec, παρουσία, est l'expression dont se servent habituellement les écrivains sacrés pour désigner le second avènement de Jésus-Christ et sa manifestation à la fin des temps. I Thess. V, 23 ; II, 19 ; III, 13. — I Cor., XV, 23. — I Tim., VI, 14.— II Tim., IV, 1. — I Tit. II, 13.

Il suffit d'un regard jeté sur l'histoire de l'Eglise chrétienne pour se convaincre que la cité de Dieu, telle qu'elle a été jusqu'à présent réalisée sur la terre, ne remplit qu'imparfaitement les vues de son Fondateur, qu'elle ne répond pleinement ni aux exigences de sa justice, ni aux intérêts de sa gloire, ni à l'immensité de son amour. Le Christ ne voit-il pas trop souvent son autorité méconnue, son nom blasphémé, son Eglise en butte à la persécution, ses fidèles serviteurs opprimés, ses ennemis triomphants? Un jour doit venir, et il viendra, où sa justice sera satisfaite et sa gloire hautement proclamée par le triomphe de la cité de Dieu : c'est la conclusion à laquelle conduit nécessairement l'idée du gouvernement divin de la Providence.

Or le Messie n'a jusqu'à ce jour rempli qu'une partie de sa mission. Il a posé la base, mais il manque à l'édifice son couronnement. Tous les jours par le ministère de son Eglise et par l'onction intérieure de sa grâce il recueille les pierres vivantes destinées à la construction de la Jérusalem céleste, précieux matériaux qui attendent leur mise en œuvre et leur transformation finale. Le règne de Dieu est fondé ; Jésus-Christ par sa mort et sa résurrection a remporté une triple victoire sur le démon, sur le monde, sur le péché, et par conséquent aussi sur la mort que saint Paul appelle la solde du péché. Il nous a mis entre les mains les armes victorieuses avec lesquelles nous vaincrons avec lui. Mais si le royaume de Dieu est fondé quant à ses principes essentiels, ces principes n'ont point encore déroulé toutes leurs conséquences, ni la divine semence de l'évangile porté tous ses fruits.

« Toutes les créatures, dit saint Paul (1), attendent avec un grand désir la manifestation des enfants de Dieu, parce qu'elles sont assujetties à la vanité, et elles ne le sont pas volontairement, mais à cause de celui qui les y a assujetties, avec l'espérance d'être délivrées aussi elles-mêmes de cet asservissement à la corruption, pour participer à la glorieuse liberté des enfants de Dieu. Car nous savons que jusqu'à présent toutes les créatures soupirent et sont comme dans le travail de l'enfantement ; et non seulement elles, mais nous qui pos-

---

1. Rom. VIII. 19, 24. — 2 Cor, V, 1 et suiv.

sédons les prémices de l'Esprit, nous soupirons en nous-
mêmes en attendant l'effet de l'adoption divine, la rédemption
de nos corps. »

La conclusion qui ressort de ces dernières paroles est que
la rénovation future comprendra le monde des corps comme
celui des esprits. L'Eglise au cinquième concile œcuménique
a condamné la doctrine des origénistes d'après laquelle le jugement dernier aura pour conséquence l'anéantissement de
tout ce qui est matériel (1). D'ailleurs la permanence du
monde physique résulte manifestement du dogme de la résurrection. « Le Christ ressuscité ne meurt plus, dit saint
Paul (2) ; la mort n'a plus sur lui aucun empire. » Ce qui
est vrai du chef est vrai aussi des membres : les justes ressuscités n'auront point à passer une seconde fois par l'épreuve
de la mort ; leurs corps vivront aussi longtemps que les âmes
bienheureuses auxquelles ils sont désormais inséparablement
unis, c'est-à-dire pendant les siècles des siècles. Or le corps
des saints, transfiguré dans la gloire, de quelque manière
qu'on l'explique, n'en restera pas moins une substance matérielle, occupant un lieu déterminé, en rapport nécessaire
avec l'espace et les corps qui s'y meuvent. Pourquoi cette
réunion de l'âme et du corps si le monde physique doit être
anéanti ? Saint Paul à la vérité fait mention de la spiritualité
parmi les prérogatives des corps ressuscités, *surget corpus
spiritale*, mais il faut se garder de confondre la spiritualité
dont parle ici l'Apôtre avec l'immatérialité proprement dite. Il
s'agit de la vie spirituelle par opposition à la vie sensuelle ou
animale. Cela revient à dire qu'affranchi des impulsions dé-
sordonnées de la concupiscence et revêtu d'incorruptibilité,
le corps, d'ennemi qu'il était, deviendra l'auxiliaire de la vie
supérieure de l'âme, de la vie surnaturelle. En ce sens il sera
spiritualisé sans pour cela devenir un esprit au sens propre
du mot.

Nous pouvons déjà de ce qui précède conclure que la fin du
monde ne doit point s'entendre de l'anéantissement mais de
la transformation du monde actuel. Voici d'autres textes non
moins décisifs. « Le monde primitif, dit l'apôtre saint

1. Can. 40 et 11.
2. Rom. VI, 9. — 1 Cor. XV, 44.

Pierre (1), a été submergé par les eaux du déluge, mais le
ciel et la terre d'à présent sont réservés pour être brûlés par
le feu au jour du jugement et de la ruine des impies. » Nous
reviendrons plus loin sur la conflagration finale annoncée par
l'Apôtre ; qu'il nous suffise en ce moment de citer la fin du
passage : « Mais nous attendons selon la promesse de nouveaux
cieux et une nouvelle terre où la justice habitera. »

C'est aussi la terre nouvelle qu'entrevoit l'auteur de l'Apocalypse après la catastrophe des derniers jours. Il décrit (2) la
lutte suprême de Satan et de ses suppôts contre l'Eglise, il
voit Satan et le faux prophète précipités pour toujours dans
l'étang de soufre et de feu, les morts grands et petits rassem-
blés devant le trône du Souverain Juge, les livres ouverts et
les morts jugés selon leurs œuvres sur ce qui est écrit dans
ces livres. Puis un tableau plus consolant se déroule à ses
regards : « la nouvelle Jérusalem descendant du ciel parée
comme une épouse pour son fiancé ». Il voit « les nouveaux cieux et la nouvelle terre, d'où la souffrance et la mort
seront bannies pour toujours, où il n'y aura plus ni pleurs,
ni cris, ni afflictions. »

On peut citer, il est vrai, des textes de l'Ancien et du
Nouveau-Testament qui, à l'encontre des précédents, semblent annoncer la destruction du ciel et de la terre. « Dès le
commencement, Seigneur, vous avez fondé la terre, et les
cieux sont l'ouvrage de vos mains ; ils périront et vous subsis-
terez éternellement (Ps. CI). » « Le ciel disparaîtra comme la
fumée, la terre s'en ira en poudre comme un vêtement usé
(Ps. LI). N'est-ce pas le sens des paroles du Sauveur citées
plus haut : « Le ciel et la terre passeront ? » La contradiction
n'est qu'apparente ; aucun des passages cités n'implique l'anéantissement du monde matériel, mais un simple changement
de forme extérieure. Le monde actuel continuera d'exister
quant à sa substance, à ses éléments, à ses lois fondamen-
tales ; la forme sera changée pour faire place à une forme
nouvelle, plus parfaite que l'ancienne et mieux adaptée à
l'état des corps ressuscités.

Le monde physique, pas plus d'ailleurs que le monde spirituel, ne possède en lui-même le principe d'une éternelle

1. 2. Petrus. II, 7-13.
2. Apoc., XXI, 2, 7, 15.

durée ; s'il continue d'être, s'il est créé pour une existence sans fin, c'est par la libre volonté de Celui en qui et par qui nous avons l'être, le mouvement et la vie. Or tel est en effet le dessein de Dieu dans l'acte de la création. « J'ai connu, dit l'écrivain sacré, que tout ce que Dieu a fait subsistera à perpétuité (Eccle., III, 14). »

Mais une crise suprême précédera la transformation finale. En quoi consistera-t-elle ? Demandons la réponse à la parole révélée.

CHAPITRE II

LES CALAMITÉS DES DERNIÉRS JOURS

§ I.

Le monde présent attend le jour où de ses éléments désagrégés sortira le monde renouvelé dont l'Eden primitif n'offrait que l'imparfaite image. Nous avons vu clairement formulée dans les saints Livres l'annonce de ce nouvel état de choses bien supérieur au premier. Mais selon d'autres oracles, non moins formels et non moins certains, cette rénovation merveilleuse ne s'accomplira qu'à la suite et au prix d'effroyables calamités, de bouleversements inouïs, dans l'ordre moral comme dans l'ordre physique. Ces expressions n'ont rien d'excessif, à moins que l'on ne taxe aussi d'exagération les paroles du Sauveur dans l'évangile. « L'affliction de ces temps sera si grande qu'il n'y en a pas eu de pareille depuis le commencement du monde et qu'il n'y en aura jamais. Et si ces jours n'avaient pas été abrégés, nul homme n'aurait été sauvé, mais ces jours seront abrégés à cause des élus (1). »

Les calamités prédites appartiennent, avons-nous dit, les unes à l'ordre spirituel, les autres à l'ordre physique. Notre Seigneur résume les premières en deux traits principaux, le refroidissement de la charité et le dépérissement de la foi. « Et parce que l'iniquité abondera, la charité de plusieurs se refroidira (2). » « Lorsque le Fils de l'homme viendra, pensez-vous qu'il trouve la foi sur la terre ? (3). » Les consé-

1. Matth. XXIV, 21.
2. Ibid. XXIV, 12.
3. S. Luc. XVIII, 8.

quences de ce double affaissement se déroulent d'elles-mêmes : c'est la chair et ses convoitises reprenant le dessus ; c'est la bête humaine livrée à ses impulsions sans guide, sans contre-poids, sans frein. Le combat de la chair contre l'esprit et de l'esprit contre la chair, voilà l'origine des deux cités que se dispute l'empire du monde, de l'antagonisme qui met aux prises l'homme avec lui-même et les peuples les uns contre les autres. C'est dans les derniers temps surtout que la dépra-vation, suite inévitable de l'incrédulité, portera ses fruits de mort. « Sachez, dit saint Paul (1), que dans les derniers temps il viendra des jours fâcheux. Car il y aura des hommes amou-reux d'eux-mêmes, avares, glorieux, superbes, médisants, désobéissants à leurs pères et mères, ingrats, impies, déna-turés, ennemis de la paix, calomniateurs, intempérants, in-humains, sans affection, traîtres, insolents, enflés d'orgueil et plus amateurs de la volupté que de Dieu. » Qu'on se repré-sente l'état d'une société formée de pareils éléments et les rapports des peuples entre eux. Le relâchement général des liens sociaux n'est-ce pas la guerre allumée sur tous les points du globe ? C'est encore un des traits qui, d'après Notre-Sei-gneur, caractériseront cette lamentable époque ; « On verra, dit-il (2), se soulever peuple contre peuple et royaume contre royaume. » Ce seront les dernières convulsions de l'humanité.

Il y en aura d'autres encore, les convulsions de la nature matérielle, la perturbation des éléments, « des pestes, des famines, des tremblements de terre, et toutes ces choses, ajoute le Sauveur, ne seront que le commencement des dou-leurs (3). » « Et il y aura des signes dans le soleil, la lune et les étoiles ; et sur la terre les nations seront dans la conster-nation, la mer faisant un bruit effroyable par l'agitation de ses flots. Et les hommes sècheront de frayeur dans l'attente de ce qui doit arriver dans tout l'univers, car les vertus des cieux seront ébranlées (4). » « Le soleil s'obscurcira, la lune ne donnera point sa lumière, les étoiles tomberont du ciel (5). »

1. Timoth. III, 1-4.
2. Matth. XXIV, 7.
3. Ibid. 7, 8, 5.
4. Luc. XXI, 25, 26.
5. Matth. XXIV, 29.

§ II.

Certains commentateurs, parmi lesquels nous citerons le docteur Scholtz, appliquent à la ruine de Jérusalem par Titus les passages que l'on a coutume de rapporter à la fin du monde depuis le verset 4 jusqu'au 34ᵉ du chapitre XXIV de saint Mathieu. « Comme l'éclair part de l'orient et se fait voir jusqu'en occident, de même en sera-t-il de la venue du Fils de l'homme... Le soleil s'obscurcira... etc... Alors le signe du Fils de l'homme paraîtra dans le ciel ; toutes les nations de la terre seront dans les gémissements, et elles verront le Fils de l'homme venir sur les nuées avec une grande puissance et une grande majesté. Au même instant il enverra ses anges avec la trompette et une voix éclatante, rassembler ses élus des quatre coins du monde, d'une extrémité du ciel à l'autre. »

Selon les interprètes dont nous parlons, les textes que nous venons de citer ont pour objet les signes précurseurs, non pas de l'apparition finale du Christ, mais de sa venue invisible et prochaine pour exécuter les desseins de sa justice contre le peuple Juif. Certains passages des prophètes favorisent ce mode d'interprétation. Isaïe, pour annoncer la ruine de Babylone, se sert d'expressions semblables à celles du Sauveur dans le cas présent (1) : « Voici le jour du Seigneur qui va venir, jour cruel, plein d'indignation et de colère... Les étoiles du ciel les plus éclatantes ne répandront plus leur lumière ; le soleil à son lever se couvrira de ténèbres, et la lune n'éclairera plus... J'ébranlerai le ciel même. » Les mêmes images reparaissent dans le chant lugubre d'Ezéchiel sur la ruine du roi d'Egypte et de son peuple (2) : « J'obscurcirai le ciel à votre mort et je ferai noircir les étoiles ; je couvrirai le ciel d'une nuée et la lune ne répandra plus sa lumière. » Ainsi dans le langage métaphorique des prophètes, l'obscurité du soleil et de la lune est le symbole des révolutions politiques et des grandes défaites.

1. Isaïe XIII, 9-14.
2. Ezech., XXXII, 7. 8.

L'ébranlement du ciel, comme on le voit par les Psaumes, par Nahum, Habacuc n'a pas un autre sens. Cette expression signifie l'approche d'un grand événement et c'est dans ces mêmes termes que le prophète Aggée annonce l'arrivée du Messie attendu (1). La chute des étoiles signifiait l'écroulement d'une haute situation politique. Daniel voit un des animaux mystérieux « élever sa grande corne jusqu'aux armées du ciel, et il en fit tomber les plus forts ; il en précipita les étoiles et il les foula aux pieds (2). »

Si les exemples empruntés aux prophètes de l'Ancien Testament rendent possible et même vraisemblable l'interprétation allégorique de certains passages, il en est d'autres qui s'y montrent plus réfractaires, et que d'ailleurs la croyance commune a toujours appliqués à la parusie. Le signe du Fils de l'homme apparaissant dans le ciel, et le Fils de l'homme venant sur les nuées (V. 30 et 31) ne signifieraient-ils autre chose, comme le veut le docteur Scholtz, que le Messie venant accomplir un grand châtiment ou une révolution, et rendant de la sorte manifeste l'empire qu'il exerce du haut du ciel ? Et sous la désignation des anges qui rassemblent les élus des quatre coins du monde faut-il entendre les apôtres appelant à l'évangile et réunissant à Jésus-Christ les hommes jugés dignes d'appartenir au royaume céleste ? Nous ne le pensons pas ; ce mode d'explication paraîtra d'autant moins acceptable qu'en maint autre endroit de l'évangile Notre-Seigneur se sert d'expressions identiques en parlant de son avènement final à la consommation des siècles. « Le fils de l'homme viendra dans sa majesté accompagné de tous ses anges et s'asseyera sur le trône de sa gloire, et toutes les nations étant rassemblées devant lui, il séparera les unes d'avec les autres, comme le berger sépare les boucs d'avec les brebis. »

« Vous verrez, dit le Sauveur à ses juges, le Fils de l'homme assis à la droite de la majesté de Dieu et venant sur les nuées du ciel ». C'est bien du dernier jugement qu'il est ici question. Et soit qu'on entende au figuré la trompette de l'ange, soit qu'on préfère le sens propre, c'est, selon

1. Agg. II, 7, 8.
2. Daniel, VIII, 10.

saint Paul, sa voix éclatante qui au jour de la résurrection
ira réveiller les morts au fond de leurs tombeaux. Faudra-
t-il donc donner à ces expressions partout où elles se ren-
contrent un sens métaphorique et par suite idéaliser la Parusie au point d'en retrancher l'apparition personnelle et visible
du Fils de l'homme ? Nous aurons plus d'une fois l'occasion
de revenir sur ces matières. Il ne s'agit quant à présent que
des phénomènes telluriques ou cosmiques, qui marqueront
la fin du monde actuel : nous venons d'entendre l'Écriture,
interrogeons maintenant la science et demandons-lui si elle a
d'autres solutions à proposer et des objections sérieuses à
faire valoir contre l'enseignement eschatologique de l'église
chrétienne.

CHAPITRE III

§ I

Ce titre, un peu ambitieux, pourrait donner lieu de croire que nous attendons de la science des données certaines, des conclusions indiscutables sur la fin des choses ; une telle attente serait vaine ; la science se tait, ou si elle parle, c'est pour hasarder des conjectures, formuler des hypothèses ; elle ne nous apprend ni si le monde aura une fin, ni comment il finira. C'est qu'il s'agit d'événements qui relèvent de la libre volonté de Dieu et au sujet desquels nous ne pouvons savoir que ce qu'il lui a plu de nous révéler. Cela ne signifie pas qu'il ne puisse faire concourir à l'accomplissement de ses desseins les éléments et les forces physiques qu'il a créées, les lois qu'il a librement établies pour le fonctionnement ordinaire de la machine, mais que ces lois par elles-mêmes et sans l'intervention spéciale de leur Auteur, ne peuvent aboutir à des événements tels que la résurrection des corps, le jugement universel, la constitution définitive du royaume céleste.

Mais cette intervention particulière de Dieu, qu'est-elle autre chose, dira-t-on, sinon le miracle ? c'est-à-dire, selon l'école rationaliste, ce qu'il y a de plus contraire à la méthode scientifique. La vraie science tient un autre langage. Elle connaît ses limites, et combien ces limites sont étroites ; il y a des questions qui dépassent la sphère où elle se meut, les questions de l'origine et de la fin des choses, celles qui intéressent essentiellement la destinée de l'homme et du monde. La science pose des problèmes et se déclare impuissante à les résoudre. On croit avoir tout dit quand on a parlé de la matière primordiale, de la nébuleuse primitive, du mouvement d'attraction et de répulsion des atomes, des lois de la gravitation, mais ces lois sont des lois contingentes ; elles n'ont rien de nécessaire ni d'essentiel à la matière, par elle-même inerte et passive. D'où viennent-elles et qui les a établies ? Et la matière elle-même qui lui a donné l'être et imprimé le mouvement ? Veut-on revenir à la théorie dualiste de la matière éternelle et incréée ? On n'en serait pas plus avancé, car il resterait à expliquer comment la matière, par elle-même indifférente au repos et au mouvement, a reçu des propriétés qui ne découlent point de sa nature. Si donc il faut recourir à l'action d'un Dieu créateur pour expliquer la naissance et la constitution de l'univers, comment lui refuser le droit et le pouvoir de modifier son œuvre, de la détruire ou de la transformer, selon les desseins de son éternelle sagesse ?

Pour apprécier la valeur des arguments prétendus scientifiques qu'on nous oppose, deux conditions s'imposent : — Ne pas imputer à l'Ecriture ce qu'elle ne dit pas ou plus qu'elle ne dit ; — ne point arguer contre elle au nom d'hypothèses douteuses qui n'ont reçu la sanction définitive ni du raisonnement ni de l'expérience. Les textes sacrés sont susceptibles d'interprétations diverses, plus ou moins rigoureuses, sur l'étendue et les effets du bouleversement final. La catastrophe annoncée sera-t-elle limitée à la terre que nous habitons ? Enveloppera-t-elle tout notre système planétaire ? Ou bien s'agit-il d'une révolution cosmique sans autre limite que les confins de l'univers ? Là-dessus, les opinions sont partagées, et la controverse est permise ; nous en avons plus haut cité des exemples.

Le soleil privé de sa lumière, les étoiles tombant du ciel, les vertus des cieux ébranlées, semblent bien indiquer une perturbation générale du Cosmos, mais doit-on les prendre au pied de la lettre ? Dans les passages déjà cités de l'Ancien Testament ces impressions signifiaient d'une manière générale de grandes calamités physiques, politiques et sociales. D'ailleurs pour expliquer les paroles de l'évangile et des apôtres pas n'est besoin de recourir ni au sens allégorique ni à l'hypothèse d'un bouleversement universel. La fumée d'un vaste incendie, les pluies de cendres vomies par des volcans en éruption, d'épaisses vapeurs émanées du sol, suffisent à intercepter les rayons du soleil et à produire la même obscurité que si cet astre avait perdu son éclat intrinsèque. Or c'est précisément aux approches du dernier jour que ces phénomènes, bien propres à inspirer la terreur, se produiront avec le plus de fréquence et d'intensité.

Et quant aux étoiles tombant du ciel, nous croyons qu'il s'agit dans les textes eschatologiques du Nouveau Testament de phénomènes physiques analogues à ceux qu'on vient d'énumérer ; mais cela ne signifie pas nécessairement que les astres du firmament, des millions de fois plus gros que la terre, viendront s'abattre sur notre globe qui n'est qu'un point dans l'immensité. Il s'agit sans doute de météores ignés, par exemple d'une pluie d'aérolithes enflammés, de globes de feu lancés par la foudre, sans compter la rencontre ou simplement le voisinage possible d'une ou de plusieurs comètes. D'aussi étranges phénomènes peuvent bien donner lieu de croire que le ciel et la terre sont secoués jusque dans leurs fondements ; c'est une métaphore dont il ne faudrait pas presser outre mesure l'application.

L'action du feu jouera le rôle principal dans ces bouleversements de la nature. La conflagration finale est également annoncée dans les livres sibyllins ; on retrouve l'écho de cette tradition dans Ovide ; c'était aussi un des dogmes fondamentaux de l'école stoïcienne. Elle ne s'accorde guère avec la théorie moderne du refroidissement graduel (1), mais qu'est-ce que cette théorie sinon un système plus ou moins plau-

(1) On sait que d'après la théorie cosmogonique de Laplace, un jour viendra où le soleil ayant épuisé par le rayonnement dans l'espace l'énorme quantité de calorique emmagasinée dans sa masse, à l'époque de sa formation, cessera de verser sur notre monde planétaire la chaleur, la lumière et la fécondité. Il passera à l'état de soleil éteint, comme les planètes, autrefois lumineuses par elles-mêmes, mais devenues, par l'effet du refroidissement, ce que nous les voyons aujourd'hui. Alors notre monde sera plongé dans l'obscurité. Est-ce bien à ces phénomènes que Notre-Seigneur a voulu faire allusion ? C'est chose peu probable ; quand le soleil aura lancé son dernier rayon de chaleur et de lumière, si le fait arrive jamais, des millions de siècles se seront écoulés depuis que le refroidissement graduel aura rendu la terre inhabitable et que le genre humain aura disparu de sa surface.

sible ; un essai plus ou moins heureux d'explication des faits
astronomiques, explication qui demain peut-être aura fait
place à une autre. D'ailleurs avant la période glaciaire qu'on
voudrait nous faire entrevoir dans un lointain immense que
de révolutions géologiques peuvent se produire qui échappent
aux prévisions de la science ! Ni le feu central n'est éteint, ni
les actions et les réactions chimiques des éléments intérieurs
du globe n'ont dit leur dernier mot. Qui oserait affirmer
que les transformations du règne animal et du règne végé-
tal, dont la surface du globe a été tant de fois le théâtre,
aient atteint leur phase dernière et définitive ? Quoi qu'il en
soit, ce n'est pas au point de vue exclusivement naturel qu'il
faut nous placer dans la question qui nous occupe. Que sont
les phénomènes annoncés sinon la manifestation de la justice divine employant les forces et les lois de la nature à
l'exécution de ses arrêts ? Or nous le répétons, le Créateur
qui a créé ces forces, établi ces lois, reste le maître de leur
imprimer la direction la plus conforme aux vues de sa sagesse, en dehors de leur action ordinaire. La toute-puissance
divine peut d'un jour à l'autre renverser les systèmes et dé-
concerter les calculs des savants. Qu'on nous permette ici de
citer avec quelque étendue l'opinion d'un savant chrétien
dont nous sommes heureux d'invoquer le témoignage (1).

§ IV.

« On sait, dit M. de Kirwan, que le soleil voyage dans
l'espace suivant une trajectoire non encore déterminée en-
traînant avec lui tout son cortège de planètes ; celles-ci décrivent donc en réalité non des courbes fermées, mais bien
d'immenses spirales, et, par suite, ne repassent jamais par le
chemin généralement suivi. L'on n'ignore pas non plus que,
en outre des astres perceptibles à notre vue, directe ou ren-
due plus puissante par le secours des instruments, une foule
de corps et de corpuscules solides ou gazeux, de masses et
de volumes plus ou moins grands, circulent à travers les es-

1. M. de Kirwan, Revue des Questions scientifiques, « *La fin du
monde d'après la Science.* »

paces. Il peut donc arriver que notre sphéroïde avec la vitesse prodigieuse qui lui a été imprimée à l'origine (29.460 mètres par seconde) soit heurté par d'autres corps de masses plus ou moins considérables et animé de vitesses de sens différent ou même contraire : essaims d'astéroïdes, comètes, nuages cosmiques, par exemple. Il n'en faudrait pas davantage pour amener, sur notre globe, des bouleversements dont nous ne saurions facilement nous faire une idée. Les chutes d'étoiles pourraient être réalisées par d'innombrables astéroïdes, bolides, uranolithes. Le choc violent résultant de la rencontre par notre planète de corps offrant des masses importantes amènerait, outre un changement probable dans la position relative de la terre par rapport au soleil et aux autres planètes, un développement de chaleur suffisant pour embraser notre atmosphère, vaporiser les mers (d'où nuées épaisses interceptant toute lumière), enfin tout dissoudre par le feu, comme le prédit l'Apôtre. »

« La science reconnaît donc comme non invraisemblable, ou tout au moins comme non impossible, la destruction violente de notre planète, et même le bouleversement plus ou moins profond de notre système solaire par quelque événement cosmique imprévu, mais pouvant toujours se produire, et capable, non seulement de susciter sur la terre un dégagement de chaleur assez puissant pour tout embraser, mais en même temps d'en changer la trajectoire, ce qui aurait pour conséquence de modifier d'une manière plus ou moins grande les conditions d'équilibre du système entier. A la suite d'une telle perturbation, de nouvelles conditions d'équilibre peuvent s'établir, une nouvelle vie se répandre à la surface des mondes, soit par le jeu régulier des forces de la nature lancées dans une direction différente, soit par une intervention plus directe et plus spéciale du Créateur. »

La totalité de la race humaine est-elle destinée à périr dans le vaste incendie qui précédera le second avènement du Fils de l'homme ? Si l'on entend à la rigueur les paroles de saint Pierre, nul être vivant ne sera épargné, ni les hommes ni les plantes ni les animaux : « La terre sera consumée avec tout ce qu'elle contient (1). » La dernière génération, témoin

1. 2. Petr., III, 5-10.

THOMAS. — FIN MONDE

de ces affreuses catastrophes, passera donc, elle aussi, par
l'épreuve de la mort pour ressusciter bientôt, avec toutes les
générations antérieures, à la voix de l'archange. Cependant
tous les commentateurs n'entendent pas d'une manière aussi
rigoureuse le texte de l'apôtre. Des paroles de saint Paul,
dans la première épître aux Thessaloniciens (1) il leur semble
résulter que le Christ venant sur la terre pour y exercer sa
fonction de juge y trouvera des hommes encore vivant de
leur vie naturelle et qui auront survécu aux calamités des
derniers jours. Ils invoquent à l'appui de ce sentiment le témoignage des Symboles, unanimes à déclarer que le Christ,
à la fin des temps viendra juger les *vivants* et les morts.
Pourquoi cette mention des *vivants* à côté des morts ressuscités si le Juge n'a que ces derniers devant son tribunal ?

1. I. Thess., IV, 14-16. — V. sur cette question « Le règne du
Christ, l'Église militante et les derniers temps, » par M. l'abbé Thomas,
p. 304-306, Cf. p. 12-16.

CHAPITRE IV

§ I.

C'est un fait digne d'attention que la croyance des premiers chrétiens à la proximité de la Parusie. L'attente du second avènement excitait une préoccupation d'autant plus vive qu'on le supposait plus imminent. Le mal toujours croissant n'avait-il pas atteint son apogée ? Est-il surprenant que les fidèles, sous l'étreinte d'épreuves sans cesse renaissantes, aient désiré, aient attendu avec anxiété l'heure de la délivrance ? Non, le Maître ne pouvait laisser plus longtemps ses serviteurs aux prises avec ce monde pervers ; il allait venir au secours des siens, briser leurs chaînes et faire sentir à ses ennemis tout le poids de sa colère. Un même cri s'échappait de tous les cœurs : Venez, Seigneur Jésus ! (1) « Le Seigneur est proche, il vient, Maran Atha (2) », tel était le mot de ralliement des premiers fidèles. Certaines paroles du Sauveur, mal comprises, semblaient justifier l'espoir d'une délivrance immédiate. La fin du monde actuel devrait suivre de près, disait-on, la ruine de Jérusalem, et la génération présente ne passerait pas sans avoir vu l'accomplissement de la promesse. La critique rationaliste prend de là occasion de mettre en suspicion l'autorité des évangiles, la personne même de Jésus-Christ et la vérité de son enseignement. Ou bien, dit-elle, les disciples ont abrité leurs illusions sous le patronage du Maître, ou le Maître lui-même a fait une fâcheuse conces-

1. Apoc., XXII, 20.
2. Cor., XVI, 22.

sion aux préjugés de son peuple, soit qu'il les ait partagés, soit qu'il ait cru pouvoir les faire servir au triomphe de sa cause.

Ainsi ou Jésus aurait été dupe d'une illusion, ou il aurait sciemment trompé ses auditeurs pour grossir le nombre de ses partisans. Aucune de ces suppositions ne se concilie avec l'idée que l'Evangile nous donne de sa personne, de l'incomparable sainteté de sa vie, de la sagesse profonde qui respire dans ses actes et dans ses discours. Tout dans sa conduite proteste contre le rêve ambitieux d'une royauté terrestre. Il avait des vues plus hautes, plus désintéressées ; il poursuivait une œuvre plus vaste et plus durable. Cette œuvre, la seule qu'il eût à cœur, c'était la régénération religieuse et morale, non seulement d'Israël, mais du monde entier. Et il aurait sciemment compromis le succès d'une telle entreprise par une prédiction dont il ne pouvait ignorer et dont l'événement devait démontrer sitôt la fausseté ! Annoncer pour une époque aussi rapprochée sa réapparition triomphante sur les nuées du ciel, c'était préparer à ses adhérents une déception à laquelle leur fidélité n'eût pas résisté ; car ils ne pouvaient plus désormais voir en lui qu'un imposteur ou un illuminé indigne de la confiance qui avait accueilli ses promesses mensongères.

La vérité est que la tendance générale de son enseignement contredit la supposition et exclut même la possibilité d'un avènement prochain, surtout au sens où l'entendaient les Juifs charnels. Il parle souvent du royaume de Dieu qui approche, mais du royaume d'Israël et de son rétablissement, pas un mot. Et quant à la Parusie proprement dite, la description qu'il en fait ne permet pas de la confondre avec l'établissement du royaume de Dieu dont il annonce la proximité (1). Les deux faits sont très distincts et l'intervalle de l'un à l'autre n'est pas déterminé. Le Fils de l'homme apparaîtra tout à coup sur les nuées, dans tout l'éclat de sa puissance ; mais le « royaume de Dieu ne viendra point d'une manière qui le fasse remarquer, et on ne dira point : il est ici ou il est là, car dès à présent le royaume de Dieu est au milieu de vous (2). » Point de révolution subite qui change instanta-

1. Matth., X, 1.
2. Luc, XVII, 20-21.

nément l'état actuel des choses. « Le royaume de Dieu est semblable à la semence jetée en terre... au grain de sénevé qui devient un grand arbre à l'ombre duquel viennent se reposer les oiseaux du ciel (1) », ces comparaisons écartent l'idée d'une manifestation soudaine ; elles insinuent au contraire un développement successif, un travail plus ou moins lent, et par suite, une institution permanente, bien que la durée n'en soit pas formellement indiquée.

Autant Notre-Seigneur est affirmatif sur le fait à venir de son second avènement et des signes qui doivent le précéder ou l'accompagner, autant il se montre réservé sur la date de son retour. « Est-ce dès maintenant que vous rétablirez le royaume d'Israël (2) ? » lui demandent ses disciples. La seule réponse qu'ils reçoivent est « qu'il ne leur appartient pas de connaître les temps et les moments que le Père a réservés à son souverain pouvoir », mais qu'en attendant le triomphe, « ils recevront la force du Saint-Esprit, pour rendre témoignage au Christ, jusqu'aux extrémités de la terre (3). » On allègue certaines paroles de Jésus-Christ et des Apôtres qui semblent assigner à son retour une date très prochaine, comme si la génération présente en devait être témoin. Nous avons traité ailleurs cette question d'exégèse avec une certaine étendue dans l'ouvrage déjà cité (4). Le peu d'espace laissé à notre disposition nous interdit de plus longs développements.

Admettons que les écrivains sacrés aient cru la Parusie moins éloignée qu'elle ne l'était réellement, on ne peut en tirer aucune conséquence défavorable au caractère divinement inspiré du Nouveau Testament, ni à l'infaillibilité doctrinale de ceux que le Christ a choisis comme organes de la vérité révélée. Il s'agit ici d'une opinion personnelle qu'ils laissent entrevoir, mais sans l'imposer à la croyance des fidèles. Bien loin d'en faire un article de foi, ils ont soin de déclarer que Jésus-Christ n'a rien révélé à ce sujet ; ils font profession de

1. Marc, IV, 26, 31, 32.
2. Act., I, 6.
3. Ibid.
4. Le règne du Christ, l'Eglise militante et les derniers Temps, chez Bloud et Barral, Editeurs.

ne connaître avec certitude « ni les temps ni les moments, »
Ils sont de leur propre aveu réduits à des conjectures ; mais
des conjectures ne peuvent devenir ni l'objet ni la règle de la
foi chrétienne.

Rien de plus instructif à cet égard que la réponse de
saint Pierre (1) aux néophytes impatients. La confiance était
ébranlée dans l'esprit de plusieurs ; les bons se laissaient aller
au découragement ; les impies relevaient la tête ; ils tour-
naient en dérision la crédulité des fidèles : « Qu'est devenue
sa promesse ? » Pourquoi redouter l'effet de sa vengeance et
trembler devant des menaces dont l'expérience a démontré la
vanité ? car le monde continue de subsister ; rien n'est
changé dans l'ordre de la nature. Les promesses et les menaces du Seigneur auront leur accomplissement, répond
l'apôtre : l'époque sans doute n'en est pas éloignée, du moins
au regard de Dieu, devant qui « mille ans sont comme un
jour. »

On voit par ces paroles que ces locutions familières aux
apôtres, « le Seigneur vient », « le Seigneur approche », ne
doivent pas se prendre à la lettre, comme s'il s'agissait d'un
petit nombre de jours ou même d'années. Le juste Juge
viendra comme un voleur au moment où nous nous y atten-
drons le moins ; il faut donc nous tenir prêts à le recevoir.
Chaque jour nous rapproche du terme décisif, chaque heure
peut être la dernière. Et après tout, qu'est-ce qu'un siècle,
une série de siècles, en comparaison de l'éternité ? Le royaume
que nous attendons n'aura point de fin ; ce qui nous paraît
une attente prolongée est un délai bien court. Quiconque
garde au fond du cœur cette grande et sainte espérance, en
considérant l'éternité qui s'ouvrira devant lui, peut bien dire
que l'heure de la réalisation est prochaine, dût-elle se faire
attendre encore des milliers d'années, car devant le Seigneur
« mille ans sont comme un jour. »

§ II.

Si, à mesure que les années s'écoulaient, l'impatience fié-
vreuse des premiers chrétiens se calma peu à peu, la perspec-

1. II. Petr., III, 8-10,

tivo du jugement final ne s'affaiblit pas tellement qu'on ne crût en voir apparaître de temps en temps les signes avant-coureurs. L'idée d'un ajournement indéfini eut peine à se généraliser. L'attente d'un dénouement prochain se réveille çà et là, surtout chez les sectes où la notion d'une Eglise visible et permanente avait subi les plus graves atteintes. Tels sont les Montanistes d'après lesquels l'avènement du Paraclet, dans la personne de leur prophète Montan, avait pour but de préparer les fidèles à l'arrivée imminente du Souverain Juge. Sans fixer une date aussi rapprochée, on croyait généralement que le monde arrivé à la dernière période de son existence penchait vers son déclin. Les traces de cette opinion sont visibles chez les Pères de l'Eglise. L'âge de décadence pouvait durer quelques siècles peut-être : mais il ne venait à l'esprit de personne que la vieillesse du monde dût se prolonger pendant des milliers d'années. C'est une machine usée, disait saint Cyprien (1), et il expliquait ainsi le dérangement des saisons, les tremblements de terre et tous les fléaux dont les païens rendaient le Christianisme responsable.

Le déchaînement des passions contre l'Eglise entretenait chez plusieurs une disposition d'esprit analogue à celle des premiers chrétiens et ravivait en eux le désir de la délivrance. On attribuait volontiers aux martyrs la plainte que l'auteur de l'Apocalypse met dans la bouche de ceux qui, les premiers, avaient versé leur sang pour la cause du Christ. « Et je vis sous l'autel les âmes de ceux qui avaient souffert la mort pour la parole de Dieu et pour le témoignage qu'ils avaient rendu. Et ils criaient d'une voix forte en disant : Seigneur, qui êtes saint et véritable, jusques à quand différez-vous de nous faire justice et de venger notre sang de ceux qui habitent la terre (2). » L'invasion des barbares, la chute de l'empire romain, les calamités dont elle fut accompagnée ou suivie, parurent à plusieurs les signes précurseurs du dernier jour, et il n'est pas rare de rencontrer l'expression de cette croyance chez les écrivains ecclésiastiques du temps (3). Elle se reproduit à toutes les époques de troubles et de bouleversements.

1. Epist ad Demetrian.
2. Apoc., VI, 9-10.
3. S. Grégoire M. Homilia in Evangelia.

La plupart des prédictions relatives à la fin prochaine du monde reposent sur des calculs arbitraires, sur des analogies plus ou moins fantaisistes et des interprétations erronées, ou tout au moins douteuses, de l'Ecriture. L'un de ces calculs les plus répandus se lit déjà dans l'épître attribuée à saint Barnabé. C'est celui qui limite la durée du monde à six mille ans par analogie avec les six jours de la Genèse. L'Apocalypse a donné lieu à d'innombrables supputations sur l'époque de la venue de l'Antéchrist et les derniers temps de l'Eglise. On sait les terreurs du monde chrétien aux approches de l'an mil. On faisait commencer à la date de l'Incarnation le millénaire pendant lequel, selon saint Jean, la puissance de Satan demeure enchaînée (1). Ces calculs chimériques ont beau être démentis par l'événement ; chaque siècle en voit paraître de nouveaux qui n'auront pas un meilleur sort, et ne servent qu'à faire mieux ressortir l'oracle émané de la bouche du Fils de Dieu : « Il ne vous appartient pas de connaître les temps ni les moments que le Père a réservés à sa toute-puissance. »

§ III.

Si l'on considère l'état présent du monde et la disposition générale des esprits, on est tenté de croire à la proximité des temps calamiteux prédits par Notre-Seigneur bien plus qu'au triomphe terrestre et surtout prochain de l'Eglise. Jésus, parmi les signes précurseurs de sa seconde venue, signale l'affaiblissement général de la foi. Or n'est-ce pas le caractère des temps présents ? Ce triste symptôme, le plus inquiétant de tous, donne une apparence de raison à ceux qui regardent comme prochains les temps de désolation où l'enfer rassemblera toutes ses forces contre la cité de Dieu.

La crise que traverse actuellement l'Eglise est certainement l'une des plus graves qui aient marqué le cours de sa vie militante. Ce n'est plus seulement à la révélation divine ni à l'ordre chrétien que l'incrédulité s'attaque : ce qu'on veut anéantir c'est la religion même naturelle, ce sont les dogmes fondamentaux de la morale, qui sont en même temps les

1. Apoc., XX, 2.

bases essentielles de l'ordre social, Dieu, la conscience, la distinction du bien et du mal, le libre arbitre, la sanction de la vie future. Ce qu'on veut édifier sur ces ruines, c'est l'état social sans Dieu, c'est le droit à la jouissance remplaçant l'obéissance au devoir; de là le mouvement qui entraîne les générations modernes à la recherche exclusive du bien-être matériel; jamais peut-être le côté terrestre de l'existence n'a tenu une aussi large place dans les préoccupations des hommes. Le triomphe de pareilles doctrines, c'est, à bref délai, le retour à l'état sauvage.

Ce sombre tableau, dira-t-on, ne convient pas seulement à l'époque présente; il a existé dans tous les temps des incrédules et des matérialistes, des fatalistes et des athées, des sophistes et des persécuteurs, sans parler des chrétiens relâchés, tièdes ou indifférents; l'Eglise, dès son origine, n'a cessé de lutter contre le monde, l'enfer et ses suppôts, sans qu'on ait vu paraître l'Antéchrist. La tempête actuelle a-t-elle un caractère plus alarmant? Suffit-elle à justifier les sombres prévisions de ceux qui voient poindre à l'horizon la lutte suprême des derniers jours? Loin de nous la prétention de nous ériger en prophète, mais nous savons que Dieu veille sur son œuvre et fait succéder quand il lui plaît le calme à l'orage. Sans méconnaître la gravité de la situation présente, ni le caractère particulier qui distingue la lutte actuelle des luttes antérieures, nous avons la ferme confiance que ce déchaînement des passions ne servira qu'à faire éclater davantage l'indéfectible vitalité du christianisme.

« Ayez confiance, j'ai vaincu le monde (1). » « Allez, enseignez toutes les nations; je suis avec vous jusqu'à la consommation des siècles (2). » Voilà l'inébranlable fondement de notre espérance. Assaillie par la tempête, l'Eglise, comme autrefois les Apôtres, crie vers le Rédempteur : « Sauveznous, nous périssons. » Et il nous répond : « Hommes de peu de foi, pourquoi ces craintes? Et il commanda aux vents et à la mer, et il se fit un grand calme. » Les jours mauvais sont venus; ils en font prévoir de plus mauvais encore, mais Jésus-Christ est fidèle dans ses promesses; il n'aban-

1. Joann., XVI, 33.
2. Ibid., VIII, 25, 26.

donnera pas les siens au jour du péril. Comment et par quels
moyens ramènera-t-il le calme et la paix ? C'est le secret de
sa sagesse.

La lutte persistante de la vérité contre l'erreur est pour les
esprits faibles un sujet d'étonnement et de scandale. Si le
Christ rédempteur a vaincu le monde, pourquoi voyons-
nous sans cesse aux prises le bien et le mal, la lumière et les
ténèbres ? — Oui, Jésus-Christ est venu du ciel détruire
l'œuvre de Satan ; mais, de même que l'homme innocent
a été laissé entre les mains de son conseil, et mis en demeure
de choisir entre le bien et le mal, l'homme racheté a dû, lui
aussi, passer par l'épreuve et conquérir la béatitude par
une libre correspondance à la grâce de la Rédemption.
Jésus-Christ a donc laissé subsister les éléments de dé-
sordre introduits par le péché dans le monde ; il n'a pas
voulu éteindre le foyer de la concupiscence, ni enchaîner la
puissance de Satan au point de la mettre hors d'état de
nuire. La lutte continue entre les deux cités ; elle aboutira
au triomphe de la cité de Dieu : cela résulte invinciblement
de l'idée même de la Rédemption. Le mal sera vaincu ;
l'homme, il est vrai, ne saurait en secouer le joug par ses
seules forces, mais impuissant par lui-même, il est tout-
puissant en Celui qui est la vérité, la vie et la lumière.

§ IV.

Selon la doctrine millénaire, Jésus-Christ n'attendra point
la consommation dernière, à la fin des siècles, pour dédom-
mager son Eglise des douloureuses épreuves de sa vie militante. Encore un peu de temps et le Fils de l'homme viendra personnellement et visiblement sur la terre, inaugurer
pour de longs siècles (mille ans, selon les uns, plus ou moins,
selon les autres) le règne de la justice et de la paix, et
apporter au monde, converti à l'Evangile, l'abondance des biens
spirituels et temporels annoncés dans l'Ancien Testament.
Quelques-uns même, avec M. l'abbé Bigou, attendent d'une
apparition foudroyante et prochaine de Jésus-Christ le remède
aux maux présents. Il s'agit, comme on voit, non de la Parusie
proprement dite, du grand et définitif avènement qui mettra

fin à la période actuelle de l'humanité terrestre, mais d'un avènement intermédiaire auquel les partisans de cette opinion rattachent la résurrection particlle des justes.

Nous ne pouvons aborder ici la discussion du millénarisme, pour laquelle nous renvoyons le lecteur à l'ouvrage déjà cité (1). Qu'il nous suffise d'interroger les symboles et les professions de foi, ayant autorité dans l'Eglise, sur les deux affirmations qui résument le système millénariste, l'avènement intermédiaire de Jésus-Christ et la résurrection anticipée des justes. Voici en quels termes s'exprime le symbole de saint Athanase, universellement reçu dans l'Eglise comme règle de foi : Il (J.-C.) est monté aux cieux, est assis à la droite de Dieu le Père Tout-Puissant, d'où il viendra juger les vivants et les morts, et à l'avènement duquel tous les hommes ressusciteront avec leurs corps et rendront compte de leurs actes propres ; et ceux qui auront fait des œuvres bonnes iront à la vie éternelle ; ceux qui, au contraire, auront fait des œuvres mauvaises iront au feu éternel.

Sur quoi nous ferons les deux remarques suivantes. C'est bien de l'avènement final qu'il s'agit, de celui qui précédera immédiatement la résurrection générale et le dernier jugement. « A l'avènement du Christ, tous les hommes ressusciteront avec leurs corps ; » tous les hommes, par conséquent les justes et les pécheurs. Tous également auront à rendre compte de leurs actes bons ou mauvais ; puis suivra la sentence solennelle, définitive ; c'est le jugement universel. Or, et c'est notre seconde remarque, entre la venue du Fils de l'homme dans l'infirmité de la chair, et son glorieux avènement comme Juge des vivants et des morts, les symboles ne supposent aucun avènement intermédiaire, encore moins une résurrection particlle des justes. C'est aussi l'impression qui se dégage des nombreux textes du Nouveau-Testament où il est question de la Parusie. Le Fils de l'homme reviendra une seconde fois, et cette seconde fois sera la dernière. Tel est au surplus le sens naturel et obvie du mot *iterum* dans le symbole de Nicée.

Quant à une apparition subite et foudroyante du Fils de

1. Règne du Christ, etc., L. I, ch. L. — L. V, ch. VI, VII, — L. VI, ch. V et VI.

Dieu venant d'une manière visible au secours de son Eglise, dans les temps fâcheux que nous traversons, il serait téméraire d'y compter. Ce mode de conversion paraît peu conforme à la conduite ordinaire de la Providence. Dieu pouvait par ce moyen abréger la persécution des trois premiers siècles et en d'autres circonstances non moins critiques ; il ne l'a pas voulu, et le triomphe de la vérité n'en a été que plus éclatant. Nous ne croyons pas que la tempête actuelle s'apaise d'une façon si soudaine, comme par enchantement et pour ainsi dire à coups de miracles. La rénovation du monde sera un miracle sans doute, mais le miracle de la grâce agissant intérieurement dans les âmes par la foi, l'espérance et l'amour.

CHAPITRE V

§ I.

Si nous remontons le cours des siècles jusqu'au berceau de
l'Eglise, nous la voyons à toutes les époques justifier le nom
qu'elle se donne à elle-même d'Eglise militante. Et comment
pourrait-il en être autrement ? Sa mission est de conquérir
les âmes pour la patrie céleste ; mais conquérir les âmes c'est
les arracher à la fascination de l'erreur, aux séductions de la
volupté, aux étreintes du vice : c'est la guerre déclarée à
l'hypocrisie, au mensonge, c'est la lutte contre l'orgueil, la
cupidité, contre toutes les convoitises coalisées ; c'est la vérité, le devoir, la lumière aux prises avec tous les ferments
de corruption inoculés par le péché à notre nature déchue.
Là, non ailleurs, est le secret de la haine implacable qui depuis dix-huit siècles s'attaque à l'œuvre du Christ. C'est
l'éternel honneur de l'Eglise catholique de servir de point de
mire à tous les démolisseurs. Leur haine est clairvoyante :
l'Eglise, voilà pour eux l'ennemi qu'il faut abattre à tout
prix ; rien ne sera fait tant qu'elle restera debout.

Le Fils de Dieu n'a point laissé ignorer à ses fidèles serviteurs le sort qui les attendait dans le monde. « Sachez,
leur dit-il, qu'ils m'ont haï avant vous. S'ils m'ont persé-
cuté (1), ils vous persécuteront aussi en haine de mon nom.
« Le disciple n'est pas au-dessus du Maître. » Lui-même
n'a-t-il pas été annoncé, dès son berceau, « comme un signe

1. Joan., XV, 18-20.

de contradiction ? (1) « C'est par la croix qu'il a sauvé le monde, c'est dans son sang qu'il a fondé son Église, c'est par la souffrance qu'il est entré dans sa gloire » (2). Telle est la voie qu'il a choisie pour lui-même et tracée à ceux qu'il appelle à le suivre.

Les épreuves terrestres de l'Eglise sont le prélude de la crise suprême pendant laquelle le principe antichrétien, parvenu à son apogée, rassemblera toutes ses forces pour livrer à l'œuvre du Christ un dernier combat, plus terrible que tous ceux qui l'auront précédé. Notre-Seigneur met cette lutte gigantesque au nombre des signes avant-coureurs du dernier jugement (3). Il appelle les derniers temps des jours de tribulations et d'angoisses (4), pendant lesquels « surgiront de faux Christs et de faux prophètes, qui feront de grands prodiges et des choses étonnantes, jusqu'à séduire, s'il était possible, les élus eux-mêmes. » Et comme conséquence de ce débordement d'iniquités, le Sauveur, comme on l'a dit plus haut, annonce, pour les derniers temps, un notable affaiblissement de la foi (5) et le refroidissement de la charité chez un grand nombre (6). Nous retrouvons l'écho de cette prédiction dans la première épître de saint Paul à Timothée (7).

C'est la grande apostasie signalée par le même Apôtre parmi les signes précurseurs du second avènement. « Que personne ne vous séduise, car le dernier jour ne viendra pas que l'apostasie ne soit arrivée auparavant (8). » Des provinces, des royaumes, de grandes nations catholiques se détacheront de l'Eglise. Elle subsistera néanmoins, mais réduite à un petit nombre de fidèles. La catholicité, en tant que diffusion matérielle et visible, ne concerne ni les premiers ni les derniers temps de l'Eglise militante. L'apostasie annoncée atteindra son dernier terme sous la domination de l'Anté-

1. Luc., II, 34.
2. Ibid., XXIV, 26.
3. Matth., XXIV. — Marc, XIII. — Luc, XXI.
4. Matth., XXIV, 24-29.
5. Luc, XVIII, 8.
6. Matth., XXIV, 12.
7. Tim., IV, I.
8. 2 Thess., II, 3.

christ, dont l'apparition est signalée par saint Paul comme un second signe de la fin des temps. « Le dernier jour ne viendra point... qu'on n'ait vu paraître l'homme de péché, cet enfant de perdition qui s'élèvera au-dessus de tout ce qui est appelé Dieu ou qui est adoré, jusqu'à s'asseoir dans le temple de Dieu, voulant lui-même passer pour Dieu. Ne vous souvient-il pas que je vous ai dit toutes ces choses lorsque j'étais encore avec vous ? Et vous savez bien ce qui empêche qu'il ne vienne afin qu'il paraisse en son temps. Car le mystère d'iniquité se forme dès à présent ; il faut seulement que celui qui tient maintenant tienne encore jusqu'à ce qu'il soit ôté de ce monde. Et alors se découvrira l'impie que le Seigneur Jésus détruira par le souffle de sa bouche et qu'il perdra par l'éclat de son avènement. Il viendra (cet impie) accompagné de la puissance de Satan, avec toutes sortes de miracles, de signes et de prodiges trompeurs, avec toutes les illusions capables de porter à l'impiété ceux qui périssent parce qu'ils n'ont pas reçu et aimé la vérité pour être sauvés (1). »

Celui que saint Paul appelle l'homme de péché reçoit, dans saint Jean, le nom d'Antéchrist que lui a conservé la tradition chrétienne et qui était déjà populaire au temps de l'Apôtre. « Vous avez appris, dit-il (2), que l'Antéchrist viendra. » La plupart des interprètes appliquent à l'Antéchrist ce que dit Daniel du roi orgueilleux et impie qui foulera aux pieds la sainteté du Très-Haut pendant « un temps, deux temps et la moitié d'un temps » (3).

C'est encore la persécution de l'Antéchrist que décrit l'auteur de l'Apocalypse sous le nom de la Bête dont la bouche vomissait des blasphèmes et qui reçut le pouvoir de faire la guerre aux saints et de les vaincre pendant quarante-deux mois, après lesquels elle fut prise et jetée dans l'étang brûlant de soufre et de feu (4). Les quarante-deux mois, ou trois ans et demi, que doit durer la guerre faite aux saints du Très-Haut expriment en termes plus explicites ce que Daniel

1. 2. Thess., II, 3-11.
2. I Joann., 18, 22.
3. Dan., VII, 24-27.
4. Apoc., XIII, et suiv. XIX, 20.

appelle un temps, deux temps et la moitié d'un temps. Ces chiffres représentent le temps de la persécution violente, mais non la durée totale du règne de l'Antéchrist.

§ II.

Le texte de saint Paul, cité plus haut, contient certaines paroles énigmatiques, comprises des Thessaloniciens, grâce aux explications verbales de l'Apôtre, mais dont tous les efforts des commentateurs n'ont pu, jusqu'à ce jour, percer l'obscurité. Saint Paul parle à mots couverts d'un obstacle qui retarde l'arrivée de l'homme de péché, et d'un mystère d'iniquité qui se forme dès à présent. Il en réfère à son enseignement oral. « Ne vous souvient-il pas que je vous ai dit ces choses étant encore avec vous ? Vous savez ce qui empêche qu'il ne vienne. Que celui, ajoute-t-il, qui tient maintenant tienne encore jusqu'à ce qu'il soit ôté de ce monde. » Ces paroles mystérieuses ont fort exercé, et sans succès, la sagacité des interprètes, la tradition chrétienne n'ayant pas conservé le souvenir des explications données verbalement aux fidèles de Thessalonique. Quel est cet empêchement qui retarde la venue de l'homme de péché ? Est-ce l'empire romain, comme l'ont pensé certains Pères ? (1) Faire de Rome païenne, persécutrice des chrétiens, un obstacle à l'arrivée du grand et dernier persécuteur est une idée assez étrange. Au surplus l'événement a prononcé ; l'empire romain, même continué sous les empereurs chrétiens, a disparu et l'Antéchrist est encore à venir.

D'autres ont pensé que saint Paul avait en vue non pas Rome païenne, mais l'empire spirituel qui a remplacé celui des Césars, l'Église romaine. La papauté n'est-elle pas le rempart qui protège l'Église et le monde contre les envahissements de l'antichristianisme ? À l'époque de la grande apostasie, la défection générale des états chrétiens laissera le champ libre à l'Antéchrist, l'Église, non pas anéantie, mais ramenée en quelque sorte aux catacombes, n'opposera qu'une digue insuffisante à sa fureur. Est-ce là ce que l'Apôtre a

1. Saint Jérôme, *Ad Algas*, Quæst. II ; Tertull. De *resur. carnis* C. XXIV, Lactance, l. VIII, CXXV et XV.

voulu faire entendre ? Le texte sacré ne confirme ni ne contredit formellement cette explication. Mieux vaut avec saint Augustin avouer notre ignorance ; *ego prorsus quid dixerit (Paulus) fateor me ignorare.* »

Saint Paul parle encore du mystère d'iniquité qu'il voyait se former sous ses yeux. « Quelques-uns, dit saint Augustin (1), qui expose leur sentiment sans l'improuver, rapportent cette parole de saint Paul aux méchants et aux hypocrites qui sont dans l'Eglise, et deviendront assez nombreux pour former un grand peuple à l'Antéchrist, ce que l'Apôtre appelle le mystère d'iniquité parce qu'il semble caché. » « Un signe de la dissolution finale, dit l'auteur du « *Monde nouveau* », c'est le mystère d'iniquité se tramant dans l'ombre des siècles et se manifestant au grand jour par l'apparition de l'Antéchrist... Ce mot de mystère ne désignerait-il pas une trame secrète remontant aux premiers temps du christianisme ? Mal comprimée, mollement combattue, la puissance de la Révolution va grandissant jusqu'au jour où les défections étant suffisamment préparées, elle sera en mesure de livrer à son chef le souverain pouvoir sur toutes les nations de la terre. Mais comment la Révolution agit-elle avec cet ensemble si ce n'est par les sociétés secrètes qui en sont l'âme, qui la dirigent, l'organisent, lui intiment le mot d'ordre et lui donnent l'impulsion. N'est-ce pas le *mystère d'iniquité* dont l'action a commencé dès les premiers jours de l'ère chrétienne et dont on ne craint pas de nous livrer le secret quand on pourra faire peser sur nous toutes les conséquences de son entier accomplissement » (2).

On a mis en doute la personnalité de l'Antéchrist : faut-il entendre par cette expression un personnage déterminé, ou la personnification du principe antichrétien, la désignation symbolique de la guerre ouverte et décisive que l'esprit d'erreur doit déclarer au christianisme à la fin des temps ? En parlant de la grande persécution soulevée contre l'Eglise à l'approche de son second avènement, Jésus-Christ suppose manifestement l'existence d'un ou de plusieurs persécuteurs, mais ne mentionne aucune individualité particulière. Il est

1. De Civit. Dei. l. XX.
2. Le Monde Nouveau, par M. Pradié, p. 467.

bien question dans ce passage (1) de faux prophètes qui surgiront en grand nombre pour séduire les peuples ; c'est l'un des signes de la venue de l'Antéchrist, mais aucun n'est désigné comme étant l'Antéchrist en personne.

Le langage de saint Jean a fait croire à certains critiques qu'il repousse l'idée de l'Antéchrist comme individualité personnelle et historique, et que cette expression lui sert à signifier d'une manière générale l'antichristianisme et ses organes jusqu'à la fin des temps. Quels sont en effet ceux qui, à ses yeux, méritent le nom d'Antéchrist? Ce sont tous les ennemis du Christ ; c'est quiconque nie que Jésus soit le Christ, ou nie le Père et le Fils (2) ; c'est tout esprit qui divise Jésus (3), en niant l'unité de sa personne dans la distinction de ses deux natures ; c'est tout imposteur qui ne confesse pas que Jésus-Christ est venu dans la chair (4). Aussi, ajoute saint Jean, y a-t-il beaucoup d'Antéchrists dans le monde (5). N'est-ce pas mettre l'idée générale de l'Antéchrist à la place du personnage individuel que la croyance populaire appelle de ce nom ?

Mais si telle est en effet la pensée de saint Jean, pourquoi rappeler, comme il le fait, sans un mot d'improbation, la croyance commune des fidèles ? « Vous avez appris, leur dit-il, que l'Antéchrist viendra. » Il ne dit ni n'insinue qu'ils sont dans l'erreur. Il ajoute, à la vérité, qu'il y a beaucoup d'Antéchrists dans le monde, mais cette remarque n'a rien de contraire à l'apparition future et personnelle de l'Antéchrist par excellence. Saint Jean la suppose plutôt et c'est précisément parce qu'il croit à la venue de l'Antéchrist qu'il en donne le nom à ses précurseurs, c'est-à-dire à ceux qui nient ou dénaturent le mystère de l'Incarnation.

Le passage cité plus haut de la seconde épître aux Thessaloniciens ne laisse aucune prise à l'équivoque. L'homme de péché dont saint Paul prédit l'avènement est manifestement une individualité historique. L'Apôtre, il est vrai, en d'autres

1. Matth. XXIV, 11, 24.
2. I. Joann., II, 22.
3. Ibid, IV. 3.
4. II Joan., 7.
5. II. Joan., II, 18.

endroits, parle en général de « l'homme nouveau », de
« l'homme intérieur », du « vieil homme », de « l'homme
charnel » ; ces locutions rapprochées du contexte qui en fixe
le sens désignent, non pas tel individu en particulier, mais
l'homme en général, selon qu'il obéit à l'attrait de la grâce,
ou à l'impulsion de la concupiscence. Mais « l'homme de
péché », le « fils de perdition », l'« impie », qui sera révélé un
jour et que le Seigneur Jésus détruira par le souffle de sa
bouche, ne peut être qu'un personnage réel, et non pas simplement la personnification du principe antichrétien. Ce
principe s'est révélé dès l'origine ; il se manifestait du temps
de saint Paul, et l'Apôtre lui-même en convient (1). Il s'agit
sous le nom d'homme de péché d'un ennemi de Dieu dont
l'apparition est retardée ; l'antichristianisme au contraire est
de tous les temps.

§ III.

On a écrit des volumes sur la personne de l'Antéchrist,
son origine, sa nationalité, ses moyens d'action, l'époque de
son avènement, la durée de son règne, sa chute et son châtiment. C'est une histoire complète, puisée à des sources iné-
galement sûres et où l'imagination a souvent plus de part
que la saine critique. En voici un exemple : l'Antéchrist,
dit-on, sera de race juive, et de la tribu de Dan, selon la prédiction de Jacob mourant. « Que Dan devienne comme un
serpent dans le chemin, comme un céraste dans le sentier, qui
mord le pied du cheval afin que le cavalier tombe à la
renverse ». Ceci, en effet, dit Cornelius à Lapide commen-
tant ce passage, convient à l'Antéchrist, lequel aura les
mœurs du serpent et les cornes du céraste ; car par ses
ruses, ses fourberies, sa cruauté, il séduira les hommes, les
mordra, les foulera aux pieds et les fera mourir. L'application est peut-être heureuse : c'est ce que les exégètes ap-
pellent un sens accomodatice, mais du sens accomodatice à la
preuve il y a loin. Nous n'attachons pas plus d'importance à
l'omission de Dan et de sa tribu dans l'énumération des tribus d'Israël au Chapitre VII de l'Apocalypse. Nous ignorons
les motifs du silence gardé par saint Jean ; peut-être doit-on

1. 2, Thess., II 7.

l'attribuer à la disparition à peu près complète de la tribu de Dan après la captivité.

Plus vraisemblables et mieux appuyées sur le texte scripturaire sont les prédictions qui regardent la violence et la durée de la persécution suscitée par l'Antéchrist contre l'Eglise. C'est à ce moment, selon toute probabilité, que se rapportent les paroles de Notre-Seigneur : « Alors il y aura des persécutions telles qu'il n'y en a pas eu depuis le commencement du monde et qu'il n'y en aura pas jusqu'à la fin ; et si Dieu n'eût abrégé ces jours, nul homme n'eût été sauvé, mais ces jours seront abrégés en faveur des élus (1). » La persécution sanglante de l'Antéchrist paraît, en effet, devoir se renfermer dans un temps assez court, quarante-deux mois ou trois ans et demi. Dans le passage cité plus haut de Daniel, où il est question du roi impie qui « parlera insolemment contre le Très-Haut et foulera aux pieds les saints », il est dit : « Qu'ils lui seront livrés « un temps, deux temps et la moitié d'un temps. » « Que signifient ces expressions ? L'auteur de l'Apocalypse va nous l'apprendre : « Et il lui fut donné de faire la guerre pendant quarante-deux mois (trois ans et demi) (2). » « C'est aussi le temps pendant lequel les Gentils (fouleront aux pieds la cité sainte) (3). » La plupart des commentateurs appliquent ces paroles à la persécution de l'Antéchrist ; nous parlons de la persécution sanglante, non, ainsi que nous l'avons remarqué plus haut, de la durée totale de son règne. Il n'est pas présumable qu'en un temps aussi court il puisse établir sa domination, vaincre les rois de la terre et les soumettre à sa domination.

Le sentiment presque universel diffère jusqu'à la fin des temps la venue de l'Antéchrist, son règne donnera le signal des calamités des derniers jours et fera place au second avènement. Telle est l'interprétation naturelle du passage déjà cité de la seconde épître aux Thessaloniciens : « Et alors se découvrira l'impie que le Seigneur Jésus détruira par le souffle de sa bouche et qu'il perdra par l'éclat de son avènement, » c'est donc l'avènement du Fils de l'homme à la fin

1. Matth., XXIV, 21, 22.
2. Apoc., XXXIII, 5.
3. Ibid., XI, 12.

du monde présent qui mettra fin au règne de l'homme de péché et inaugurera le triomphe définitif de l'Eglise chrétienne.

§ IV.

Nous ne terminerons point ce chapitre sans faire au moins une mention rapide de la manière dont la critique rationaliste prétend résoudre la question qui nous occupe. Selon M. Renan, ou plutôt selon ses maîtres d'Outre-Rhin, la question de l'Antéchrist appartient au passé, non à l'avenir ; il y a plus de dix-huit siècles qu'il a paru dans la personne de Néron, le premier persécuteur des chrétiens. Néron, voilà le personnage attendu dans un prochain avenir par saint Paul et par l'auteur de l'Apocalypse. Pour apprécier cette prétendue solution, quelques notions préliminaires sont indispensables.

Au rapport de Tacite (1), le bruit se répandit, peu après la disparition de Néron, que le monstre couronné qu'on croyait mort avait survécu à ses blessures, qu'il vivait caché dans un coin de l'Orient, chez les Parthes, d'où il reviendrait bientôt, à la tête d'une puissante armée, pour ressaisir le souverain pouvoir ; le retour de Néron, c'était le retour de l'Antéchrist ; telle paraît du moins avoir été la persuasion d'un certain nombre de chrétiens, persuasion dont on retrouve l'écho dans les livres sibyllins et dans l'ouvrage apocryphe intitulé l'Ascension d'Isaïe. Elle survécut à l'époque qui l'avait vue naître, et on en suit la trace jusqu'au troisième siècle dans les écrits de Lactance (2), qui la traite de chimère. Sulpice Sévère, à tort ou à raison, l'attribue à saint Martin (3). Il est vrai qu'on n'avait pas revu Néron, mais il devait reparaître à la fin des temps comme persécuteur et Antéchrist, soit que Dieu le garde quelque part vivant, comme Hénoch et Elie, soit qu'il veuille le ressusciter au temps marqué. Cette opinion bizarre compta peu de partisans ; les Pères de l'Eglise, saint Jérôme (4), saint Augus-

1. Hist. L. II, c. VIII.
2. De morte Persecut., c. III.
3. Hist. L. III, c. XXIX.— Dialog.,II, caput ultim.
4. In Dan., C. XI.

tin (1), saint Ambroise (2), ne la mentionnent que pour la reléguer parmi ces légendes apocryphes qui se réfutent d'elles-mêmes.

Transportons-nous au lendemain de la mort de Néron, Galba, proclamé par les légions, occupe le trône impérial. Les armées romaines, sous le commandement de Vespasien, se préparent au siège de Jérusalem. On sent qu'on est à la veille d'une crise formidable, que le sang des martyrs va couler de nouveau. C'est alors qu'un voyant, pénétré du sentiment qui fait battre tous les cœurs, entreprend de consoler les fidèles et de relever leur courage par l'espoir d'une prochaine délivrance. Oui, les maux de l'Eglise touchent à leur terme, l'heure du triomphe va sonner. La Bête, il est vrai, reparaîtra pour faire au peuple de Dieu une guerre plus acharnée, plus sanglante encore que la première, mais ce temps d'épreuve passera vite, car après trois ans et demi, le Christ viendra en personne venger le sang de ses martyrs, établir son règne, et combler enfin ses fidèles serviteurs de tous les biens promis et attendus.

Saint Jean parle à plusieurs reprises (3) de la Bête à sept têtes qui fait la guerre au peuple de Dieu. Les sept têtes signifient sept rois (4) ; la Bête est tantôt Rome païenne, tantôt chacune des têtes ou des rois qui ont possédé l'empire. Des sept rois ou empereurs cinq sont tombés, Auguste, Tibère, Caligula, Claude et Néron : le sixième tient encore ; le septième, Othon, durera peu. Mais quelle sera la huitième tête, celle qui était, qui n'est plus et qui reparaîtra ? (5) L'auteur dit qu'elle est l'une des sept têtes dont il vient de parler. N'est-ce point celle de ces têtes qui paraissant frappée mortellement et fut guérie de sa blessure ? Or ceci convient à Néron que l'on avait fait passer pour mort et dont la crédulité populaire attendait le prochain retour.

Ce qui achève, dit-on, de lever tous les doutes, c'est la désignation de Néron par son nom propre, en termes voilés,

1. De civit. Dei, l. XX, c. CXIX.
2. In I Cor., IV, 9.
3. Apoc. XI, 13.
4. Ibid., XVII, 9, 10, 11.
5. Ibid., XVII. 1.

mais assez intelligibles pour qu'on ne puisse s'y méprendre.
Le nombre de la Bête, dit le prophète, est celui d'un homme
et ce nombre est 666. Or par une coïncidence singulière, ce
chiffre représente la valeur numérique de Néron-César, écrit
en lettres hébraïques.

Cette explication, empruntée au rationalisme allemand et
vulgarisée chez nous par M. Renan, ruine de fond en comble
l'autorité de l'Apocalypse comme livre inspiré et ne laisse
rien subsister de son caractère prophétique. L'événement
prédit devait arriver cinq ans au plus après la publication de
l'ouvrage, or plus de dix-huit siècles se sont écoulés sans
qu'on ait vu reparaître ni Néron, ni l'Antéchrist. Il reste à
examiner si la critique rationaliste a trouvé, comme elle s'en
vante, la solution du problème. N'oublions pas que l'Apocalypse, d'après l'hypothèse même de nos adversaires, a été
composée vers la fin de l'année 68, sous le règne de Galba.
Le trois janvier de l'année suivante, 69 après Jésus-Christ,
Galba succombait sous les coups des assassins et cédait la
place à Othon. Celui-ci, peu de mois après son élévation à l'empire, se tuait de sa propre main, laissant le trône à Vitellius,
lequel à son tour, massacré dans Rome avant la fin de la
même année 69, avait pour successeur Vespasien. Ainsi, en
moins d'un an, la prédiction annonçant le retour de Néron
recevait un double démenti ; tout l'édifice si laborieusement
construit s'écroulait à la fois ; la réapparition prochaine de
Jésus, la défaite, après trois ans et demi de Néron l'Antéchrist, l'établissement immédiat du règne visible de Jésus-
Christ sur la terre, tout cela s'évanouissait comme une ombre à la clarté des événements

Or si l'auteur avait écrit de bonne foi, sous l'empire de
l'illusion ou du fanatisme, comment, averti par une si
cruelle déception, n'a-t-il pas reconnu son erreur et désavoué
son livre ? Si l'on avait affaire à un imposteur, comment s'est-
il exposé de gaîté de cœur, par une prédiction à très courte
échéance, à se voir si promptement démasqué ? Comment
surtout son livre, si vite et si solennellement convaincu de
mensonge, n'est-il pas tombé dès l'origine dans le plus com-
plet discrédit, et comment a-t-il conquis si rapidement une
aussi grande autorité dans l'Eglise ? Car l'opposition qu'il
rencontra plus tard chez certains membres du clergé de

Rome et de celui d'Alexandrie tenait à d'autres causes et particulièrement aux idées millénaristes qu'on prêtait à l'auteur.

Quant au chiffre de la Bête, diverses explications également ment incertaines ont été proposées. Il est aisé, en combinant de différentes manières les lettres grecques ou latines, de former autant de noms dont la valeur numérique égale le chiffre 666. Telle est, par exemple, la combinaison ὁ νικητής, le vainqueur, comme l'Antéchrist, dans son orgueil, pourrait bien se nommer lui-même. Citons encore τείταν, λαμπετις, *Diocles Augustus* (Dioclétien) et d'autres tout aussi arbitraires. A l'arbitraire l'explication rationaliste joint l'invraisemblance. César répond au mot hébreu *Meleq* et n'a point d'autre équivalent dans cette langue ; or *Meleq* joint au mot Néron ne donne point le total exigé 666. D'ailleurs César devrait s'écrire conformément au génie de l'hébreu קיסם, comme le font les versions syriaques, et non point קסר, comme on le suppose mal à propos. Pour avoir le nombre 666 on a supprimé arbitrairement la lettre׳. Enfin l'auteur de l'Apocalypse écrit en grec, pour des lecteurs qui ne connaissent point l'alphabet hébraïque. Est-il vraisemblable que voulant indiquer le chiffre du nom de l'Antéchrist il eût fait, sans avertissement préalable, allusion à des signes inconnus de ceux à qui il s'adressait.

Il se peut néanmoins qu'il y ait dans l'hypothèse que nous venons d'examiner une vérité travestie ou mal comprise. Pourquoi saint Jean parlant de l'une des sept têtes, blessée mortellement et guérie de sa blessure, et de la bête qui n'est plus, mais qui reviendra, n'aurait-il pas eu en vue Néron considéré comme la personnification de la puissance antichrétienne, le type des persécuteurs futurs, le précurseur et l'image de l'Antéchrist ? Non, la cinquième bête n'est pas morte, elle reparaîtra plus puissante et plus cruelle encore. Pourquoi la cinquième, dira-t-on, et comment revivra-t-elle ? Parce que les quatre premiers empereurs n'ont pas versé le sang des chrétiens ; c'est le cinquième, Néron, qui a inauguré l'ère des persécuteurs. Mais la lutte n'est pas finie : Néron revivra, sinon en personne, du moins dans ses successeurs animés du même esprit hostile à l'Eglise ; il revivra dans tous ceux qui mettront la puissance publique au service du principe antichrétien ; il revivra surtout à la fin des siècles, dans l'Antéchrist, le persécuteur par excellence. Le retour de Néron, c'est le renouvellement, la continuation de la lutte, non seulement à bref délai, mais dans la suite des âges et à la fin des temps. On s'explique ainsi la légende de Néron ressuscité et reparaissant dans la personne de l'Antéchrist. Tous les persécuteurs de l'Eglise continuent l'œuvre de Néron ; en ce sens il est vrai de dire qu'il est ressuscité et qu'il vit en eux par sa haine brutale contre l'Evangile.

Nous ne rapporterons pas les diverses interprétations mises en avant sur ce chapitre XVII de l'Apocalypse. Qu'il s'y rencontre des aperçus ingénieux et d'heureuses applications, c'est justice de le reconnaître. A-t-on réussi à lever tous les doutes ? Il serait puéril de le soutenir, et la multiplicité même des explications suffirait à montrer que la lumière est loin d'être faite sur tous les points. A quelque mode d'interprétation qu'on se rattache, on se heurte à de graves difficultés ; les nombreux systèmes imaginés jusqu'à ce jour n'ont guère avancé la solution du problème ; aussi nous garderons-nous d'en allonger la liste. Il y a dans l'Apocalypse nombre de prédictions dont l'accomplissement seul nous apportera la clef.

CHAPITRE VI

§ I.

La Parusie est la conclusion nécessaire de l'histoire de l'humanité, l'achèvement de l'œuvre de la rédemption, le triomphe définitif de la cité de Dieu, la justification de la Providence, l'affirmation du christianisme comme vérité absolue, et la manifestation du Christ comme roi de l'univers, élevé au-dessus de toute créature, Dieu et homme tout ensemble. Il ne faut donc pas nous étonner si le second avènement de Jésus occupe une si large place dans l'enseignement des Apôtres et dans la foi des chrétiens. Saint Paul résumait en ces deux points la doctrine qu'il avait prêchée aux fidèles de Thessalonique : « Servir le Dieu vivant et véritable, et attendre du ciel son fils Jésus, qu'il a ressuscité d'entre les morts et qui nous a délivrés de la colère à venir (1). » La Parusie est la consommation des desseins de Dieu sur Jésus-Christ. S'il a souffert, c'était pour entrer dans sa gloire (2), et sa gloire ne sera pleinement révélée qu'au grand jour de la manifestation. Il règne visiblement au ciel ; il règne aussi sur la terre, mais d'une manière invisible ; il faut que sa gloire éclate pour la confusion de ses ennemis. Ce qui est vrai de Jésus-Christ est également vrai de son Eglise, dont la vie militante ne peut se concevoir sinon comme acheminement à un triomphe définitif. Selon la pensée fondamentale de saint Paul, tout ce qui s'est accompli dans le chef doit s'accomplir dans les mem-

1. I Thess., I, 9, 10.
2. Luc., XXIV, 26.

bres. « Si nous avons été entés en lui par la ressemblance de sa mort, nous y serons entés aussi par la ressemblance de sa résurrection (1). » Mais là ne s'arrêtera pas la similitude ; elle recevra son plein développement au terme final qui complète l'idée de la rédemption et l'économie du salut. « Lorsque Jésus-Christ, votre vie, apparaîtra, vous aussi vous paraîtrez avec lui dans la gloire (2). »

La rédemption serait imparfaite, si elle n'embrassait pas l'homme dans sa double nature, dans son âme et dans son corps. « C'est du ciel que nous attendons le Sauveur, Notre-Seigneur Jésus-Christ, qui transformera notre corps, tout vil et abject qu'il est, afin de le rendre conforme à son corps glorieux (3). » La création matérielle ne restera pas étrangère à la rénovation accomplie dans le monde spirituel. Jésus-Christ, selon saint Paul, est venu restaurer toutes choses, rétablir l'harmonie universelle (4), et par suite rendre la nature matérielle à sa destination première, qui est de servir à l'âme d'auxiliaire et d'instrument pour les fonctions d'une vie supérieure et divine. La matière aspire à se spiritualiser, à devenir un corps spirituel (5), comme parle S. Paul. Et jusqu'à ce que vienne l'heure marquée dans les desseins de Dieu pour cette transformation merveilleuse, où le corps sera délivré du poids de corruption qui l'oppresse, « toute créature gémit comme dans les douleurs de l'enfantement, soupirant après sa délivrance, dans l'attente de la libération des enfants de Dieu (6). » Un jour viendra où l'œuvre de la rédemption sera consommée, les ennemis du Christ vaincus, son royaume pacifié, la mort anéantie pour toujours, le monde entier transfiguré, et « Dieu sera tout en tous (7). »

Tout ce que nous avons dit jusqu'à présent de l'importance dogmatique de la Parusie convient d'une manière plus spé-

1. Rom., VI, 5.
2. Col., III, 4.
3. Philipp., III, 20, 21.
4. Ephes., I 10.
5. I Cor., XV, 44.
6. Rom., VIII, 22.
7. I Cor., XV 28.

ciale encore au jugement universel. Qu'est-ce que l'histoire
du monde, sinon l'histoire des jugements de Dieu prononcés sur les peuples et sur les individus ? Tous ces jugements doivent aboutir à un jugement général qui en sera
la consécration solennelle et la conclusion finale. Chacune
des actions libres de la créature est suivie d'un premier jugement rendu au for intérieur de la conscience. Il y a un
second jugement qui s'étend à la vie entière de chaque
homme ; c'est celui qu'il subit seul à seul avec Dieu, quand
le cours de sa destinée terrestre est accompli ; ces deux premiers jugements sont le prélude et la préparation d'un troisième qui embrassera le genre humain tout entier et sera
comme la résultante de tous les jugements. L'ordre actuel
ne répond ni à la sagesse ni à la justice de Dieu ; il faut que
chacun soit traité selon ses œuvres et occupe la place due à
ses mérites. Ici-bas, l'ivraie se trouve partout mêlée au bon
grain ; il faut que la séparation se fasse et que le bon grain
soit délivré des plantes parasites qui entravent son libre développement. L'Eglise militante accomplit sa mission au sein
des épreuves, en lutte avec les royaumes de ce monde ; il
faut qu'elle triomphe et jouisse enfin de la béatitude promise
aux enfants de Dieu. La grâce de la Rédemption opère intérieurement dans les âmes, formant les élus pour le ciel ; il
faut que ce germe divin s'épanouisse, que les fruits de vie
apparaissent au grand jour. Ici-bas, la prospérité des impies
est trop souvent une insulte à la Providence ; il faut que la
justice divine reçoive une éclatante réparation. Le jugement
particulier dont nous parlions tout à l'heure ne lui suffit
pas ; ce n'est pas dans l'individu seulement, c'est dans l'ensemble de la création que l'ordre doit se rétablir et la gloire
de Dieu se manifester.

La vie ne saurait consister dans un mouvement éternel
sans loi et sans but. L'humanité marche à travers les âges
vers le terme marqué dans les desseins de Dieu. Elle achè-
vera son pèlerinage terrestre ; alors le jugement de Dieu
mettra au jour le résultat définitif et permanent de ce long
travail des siècles et de l'action providentielle qui en a dirigé
le cours. Tout dans la marche des événements converge vers
la consommation finale dont le jugement universel marquera
le moment décisif. Cette connexion ne nous apparaît pas

clairement dans la vie présente ; mais, au dernier jour, tous les voiles seront déchirés ; nous verrons le rapport des parties au tout, des moyens à la fin dernière, et des faits particuliers à la loi générale. C'est ainsi que le jugement universel sera la justification du gouvernement divin de la Providence.

« Au jour de la manifestation, Dieu sera justifié dans tous ses arrêts, qui, dans la sentence finale, paraîtront comme un arrêt unique. Il sera également justifié dans toutes les voies par lesquelles il a conduit les individus, les peuples, l'humanité entière, dans tous les temps et dans tous les lieux. Toutes apparaîtront comme les voies providentielles de la bonté, de la sagesse et de la justice absolue. Les mystères et les énigmes de l'histoire du monde, seront mis au jour, car de même qu'on a nommé avec raison l'histoire le jugement du monde, de même, à l'inverse et dans un sens plus large encore, le jugement du monde sera l'histoire dévoilée et manifestée. Ce qui était resté obscur sera révélé. Cette manifestation est l'un des caractères essentiels de ce jour suprême (1). »

Tout jugement suppose une règle dont la sentence est l'application. La règle infaillible d'après laquelle le monde sera jugé c'est l'Evangile. Cela revient à dire, en d'autres termes, que l'Evangile est la vérité absolue en religion, et non, comme le judaïsme, une forme passagère destinée à préparer l'avènement d'un culte plus parfait. Jésus-Christ, par son enseignement, a promulgué la charte immuable du royaume de Dieu dans le siècle présent et dans le monde à venir ; sa parole est l'éternelle vérité hors de laquelle il n'y a de salut ni pour les nations, ni pour les individus.

C'est Jésus-Christ qui jugera le monde à la fin des temps, « dans son avènement glorieux et dans l'établissement de son « règne (2). » « Nous comparaîtrons tous devant le tribunal « de Jésus-Christ (3) », dit encore saint Paul. Le Sauveur, « dit saint Cyrille de Jérusalem, reviendra, non pour être « jugé, mais pour juger les juges. Celui qui garda le silence

1. Staudenmayer, Art. Jug, dans le *Diction. encyclop.*, trad. de l'allemand par Goschler.
2. II. Tim., IV, 1.
3. II Cor. V. 10 ; Rom., XIV. 10.

« lorsqu'on le jugea, rappellera leurs paroles aux méchants
« qui l'apostrophèrent si effrontément sur la croix, et leur
« dira : Voilà ce que vous fîtes, et je me tus. Une pre-
« mière fois, il vint d'après les décrets de Dieu enseigner
« les hommes dans la douceur, mais à son second avènement
« il faudra que, contre leur gré, ils se soumettent à sa puis-
« sance (1). »

Le jugement dernier n'est pas seulement la plus haute
expression de la royauté du Christ ; c'est la manifestation
la plus éclatante de ses prérogatives comme créateur, comme
rédempteur et comme souverain prêtre. Comme créateur il
lui appartient de demander compte à la créature de l'usage
qu'elle a fait de ses dons (2). Comme rédempteur, il est
l'arbitre de ceux qu'il a rachetés ; lui seul peut juger ceux
qui ont vécu, ou non, en communauté avec lui, ceux qui se
sont prononcés pour ou contre lui, ceux qui ont été, ou
non, les membres de son corps mystique. Il connaît les siens
et les siens le connaissent. Comme souverain prêtre, il a le
droit d'appliquer les mérites de son sacrifice et de prononcer
la sentence contre les profanateurs de son sang répandu pour
le salut du monde. Ajoutons qu'en sa qualité de Fils de
l'homme et de second Adam, auteur et dispensateur d'une
vie nouvelle, il lui appartient de discerner ceux qui l'ont reçue
et ceux qui l'ont repoussée.

Il existe donc une corrélation intime entre la fonction du juge
suprême, dévolue à Jésus-Christ, et la foi à sa divinité. Non,
ce n'était ni un pur homme, un sage, ou un prophète ni un
ange, dont l'Eglise primitive attendait le retour, mais le roi
des anges et des hommes, l'arbitre souverain de l'univers, le
Christ, supérieur à toute créature. On peut considérer la
doctrine de la Parusie, dans la primitive Eglise, comme la
forme populaire de la croyance à la divinité de Jésus-Christ.

§ II.

C'est du ciel où il règne à la droite de son Père que le
Christ reviendra sur la terre. « Ils le virent s'élever en haut,

1. Catéchèse, XV.
2. Oros., de lib. Arb., col. 25. Phot. ad Amphil. q. 192.

et il entra dans la nuée qui le déroba à leurs yeux. Et comme ils étaient attentifs à le regarder monter au ciel, deux hommes vêtus de blanc se présentèrent soudain à eux et leur dirent : Hommes de Galilée, pourquoi vous arrêtez-vous à le regarder au ciel? Ce Jésus qui, en vous quittant, s'est élevé dans le ciel, viendra de la même manière que vous l'y avez vu monter (1). » « Il faut, dit saint Pierre aux Juifs, que le ciel le reçoive jusqu'au rétablissement de toutes choses (2). » « Il apparaîtra sur les nuées, environné des puissances célestes, avec tout l'appareil de la souveraine majesté (3). Saint Paul, à plusieurs reprises, parle de « la révélation du Seigneur (4) », « de l'éclat de son avènement (5). » Il s'agit d'une manifestation extérieure et visible ; les paroles de l'Apôtre ne souffrent point un autre sens.

Vient ensuite la résurrection. « En un moment, en un clin d'œil, au son de la dernière trompette », les morts sortiront de leurs tombeaux, non seulement les justes, mais aussi les pécheurs. Car tous viendront comparaître devant le tribunal du Christ (6), « afin que chacun reçoive ce qui est dû aux bonnes ou aux mauvaises actions qu'il aura faites pendant qu'il était revêtu de son corps (7). » Après la sentence, aura lieu l'éternelle séparation des bons, associés à la gloire du Rédempteur, d'avec les méchants, précipités dans l'abîme avec les anges rebelles.

Cette description de la Parusie paraît à la critique rationaliste un emprunt fait aux apocalypses juives, d'où ces rêveries auraient passé dans le Nouveau Testament. L'apparition solennelle de Jésus, l'intervention des anges, le son des trompettes, l'appareil du jugement, tout cela, dit-on, trahit une conception réaliste du royaume de Dieu, en opposition manifeste avec le spiritualisme profond qui, sur tous les autres

---

1. Art., I, 9-11.
2. Ib., III, 2
3. Matth., XXIV, 30 ; Marc., XIII, 26 ; Luc, XXII, 27.
4. I. Cor., I. 1.
5. II. Thess , II, 8.
6. Rom., XIV, 10.
7. II Cor., V, 10.

points, caractérise l'enseignement de Jésus. Si donc on fait remonter jusqu'à lui la peinture du dernier jugement, telle que nous la lisons dans les trois premiers évangiles, il faut admettre en même temps qu'il a voulu s'accommoder à la faiblesse des juifs charnels et voiler sa doctrine à l'aide d'images symboliques dont il nous reste à dégager le sens. Ainsi la résurrection est une métaphore qui, sous une forme sensible, exprime très bien la rénovation spirituelle de l'âme et son retour à la vie de la grâce. La révélation du Christ, son avènement, c'est la lumière de l'éternelle vérité dissipant les ténèbres de l'intelligence. Le jugement est un fait divin, mais un fait permanent qui s'accomplit tous les jours dans la conscience et dans l'histoire. Tout le reste est du domaine du mythe ou de la fantaisie. A l'appui de cette explication, le rationalisme invoque l'autorité du quatrième évangile, dont le principal mérite, à ses yeux, est d'avoir spiritualisé le christianisme primitif.

L'erreur que nous signalons ici n'est pas nouvelle : dès les premiers siècles de l'Église, les gnostiques et les docètes avaient ouvert la voie dans laquelle le rationalisme s'engage à leur suite. Tout se tient, tout s'enchaîne dans l'ensemble de la vérité révélée. Si le second avènement du Christ dans son corps glorifié contredit la vraie notion du spiritualisme chrétien, il faut, à plus forte raison, en dire autant du premier avènement dans lequel il a revêtu un corps passible et mortel. Que devient l'incarnation du Fils de Dieu? Une simple apparence, disaient les docètes ; l'apparition passagère de la vérité incréée dans la raison finie, répond à son tour le rationalisme. Par conséquent, plus d'Église visible, plus de sacerdoce, plus de sacrements, et finalement la suppression du christianisme comme institution historique et positive. Un tel système n'est plus seulement le spiritualisme ; c'est l'idéalisme poussé à sa dernière limite, c'est-à-dire le renversement de toute religion, de toute morale, de toute certitude philosophique.

Or, étant donné le fait matériel et visible de la réapparition du Christ, pourquoi se préoccuper des circonstances accessoires qui, après tout, n'ont rien de plus étrange que le fait en lui-même? Le Fils de l'homme paraîtra sur les nuées dans tout l'éclat de sa gloire, environné des anges et des

saints. Qu'y a-t-il là de contraire au spiritualisme chrétien ?
Jésus-Christ a paru une première fois dans l'infirmité d'une
chair mortelle ; n'est-il pas juste qu'il reparaisse un jour
dans la gloire de son corps ressuscité, avec tout l'appareil de
la souveraine puissance ? « Nous n'annonçons pas seulement
un premier avènement du Christ, dit saint Cyrille de Jérusalem, mais un second avènement, bien plus glorieux
que le premier. L'un portait les caractères de la patience ;
l'autre portera les insignes de la royauté céleste ; car
presque tout est double en Jésus-Christ. Sa naissance est
double, l'une divine et éternelle, l'autre humaine et tem-
porelle ; son avènement est double : l'un obscur comme
la pluie qui tombe sur une terre desséchée, l'autre res-
plendissant comme le soleil. Au premier avènement, il est
couché dans la crèche, enveloppé de langes ; au second, il
sera revêtu de lumière comme d'un manteau. Au premier,
il subit l'ignominie de la mort sur la croix ; au second, il
arrivera entouré de la multitude des anges. Ne nous arrê-
tons donc pas au premier avènement ; mais attendons
également le second (1). »

Quant à l'évangile de saint Jean, il confirme, bien loin de
la contredire, la doctrine eschatologique des trois premiers.
Le but principal de l'auteur, sa préoccupation la plus constante est d'affirmer la réalité de l'Incarnation contre les
gnostiques et les docètes. Il croit fermement que le Christ
est venu une première fois dans la chair : nier ce point fon-
damental de la foi chrétienne, c'est se ranger parmi les
précurseurs de l'Antéchrist. Il croit fermement à la réalité
de la mort et de la résurrection du Sauveur. Pourquoi donc
ne croirait-il pas à son retour visible, à la résurrection des
morts, au dernier jugement ?

Soutenir, avec certains critiques, que le spiritualisme de
saint Jean ne laisse aucune place à l'attente de la Parusie, telle
que l'admettent et la décrivent saint Paul et les trois premiers
évangélistes, c'est non seulement méconnaître l'ensemble de
sa doctrine, mais contredire formellement le texte du quatrième évangile et des épîtres du même auteur. Selon saint
Jean, le terme final de la foi, de l'espérance et de l'amour du

1. Catéchèse, V, 1

chrétien est la révélation du Christ au dernier jour (1).
Quand Jésus-Christ déclare qu'il ressuscitera à la fin des
temps ceux qui croient en lui, ceux que son Père lui a
donnés, il a en vue non pas seulement la régénération spirituelle, œuvre de la grâce, mais la résurrection proprement
dite, la résurrection corporelle, comme l'indiquent manifestement les mots *in novissimo die*, au dernier jour. Nous pensons qu'il faut entendre du second avènement la promesse
faite à ses disciples de ne les quitter que pour un temps et de les
revoir bientôt (2). Cette promesse est faite à l'Eglise en général, et non pas seulement aux disciples présents. Mais voici
un texte plus décisif : « Le Père a donné au Fils le pouvoir
de juger parce qu'il est le Fils de l'homme. Ne vous étonnez
pas de ceci, car le temps vient où tous ceux qui sont dans
les sépulcres entendront la voix du Fils de Dieu ; et ceux
qui auront fait de bonnes œuvres sortiront du tombeau pour
ressusciter à la vie, et ceux qui en auront fait de mauvaises
ressusciteront pour leur condamnation (3). » Toute l'eschato-
logie chrétienne est renfermée dans ce peu de mots : la
résurrection générale, le dernier jugement, la fonction de
juge dévolue au Fils, la double sentence dont les justes et
les pécheurs seront l'objet les uns pour la vie, les autres
pour la mort éternelle. C'est bien de la résurrection corporelle, d'un jugement public extérieur, non de la renaissance
à la vie de la grâce, ni des arrêts de la conscience, qu'il est
question dans le passage cité. Détourner ces paroles de
leur sens propre et littéral, c'est faire violence au texte.

Dans la première épître de saint Jean, il est fréquemment
question de la dernière heure (4), de la Parusie du Seigneur (5), du jour du jugement (6). « Demeurez en Jésus-
Christ, afin que lorsqu'il paraîtra dans son avènement, nous
ayons confiance devant lui, et que nous ne soyons point con-

---

1. II. Joann., II, 18, 20 ; III. 3.
2. Joann., VI, 39-44. VI, 22.
3. Joann., V, 28, 29.
4. I. Joann., II, 18.
5. *Ibid.*, 28.
6. *Ibid.*, IV.

fondus par sa présence (1). » C'est à la perfection de sa charité que saint Jean attribue la confiance dont le cœur du chrétien est rempli pour le jour du jugement (2). Sans faire une mention expresse de la résurrection, il y fait allusion quand il parle de la ressemblance future du chrétien avec Jésus glorifié (3). Il n'oublie pas l'un des signes avant-coureurs du second avènement, c'est-à-dire la venue de l'Antéchrist. Il en parle, non pour apprendre aux fidèles ce qu'ils savent déjà, comme lui-même en fait la remarque, mais pour leur dire que l'œuvre de l'Antéchrist est déjà commencée, et que son esprit agit dès aujourd'hui dans ses précurseurs (4).

1. *Ibid.*, II, 28.
2. *Ibid.*, IV, 17.
3. *Ibid.*, III, 2.
4. *Ibid.*, II, 18.

CHAPITRE VI

L'ÉGLISE TRIOMPHANTE

§ I.

Transportons-nous par la pensée à la fin des siècles. L'œuvre de la Rédemption est consommée ; le monde présent a fait place à un monde nouveau ; l'Esprit de Jésus-Christ vivant dans l'Eglise a complété le nombre des élus ; l'empire du péché est détruit, la mort anéantie pour toujours. Il n'y a plus d'Eglise militante, la lutte a cessé ; le Christ règne, il commande ; il est vainqueur ; tous ses ennemis sont assujettis à son empire. Le Souverain Juge a prononcé la sentence, Satan, ses anges, tous ceux qui ont persévéré avec lui dans sa révolte contre Dieu et contre son Chsist, sont précipités dans l'abîme. Les justes triomphants montent au ciel, à la suite du Roi éternel dont ils ont préféré l'étendard à celui du monde et de Satan. Dieu lui-même a essuyé les larmes de ses fidèles serviteurs ; il n'y a plus ni pleurs, ni cris, ni afflictions, car le temps de l'épreuve est passé (1). Plongés dans l'océan des perfections divines, les élus goûteront l'ineffable félicité que le Psalmiste se déclarait impuissant à décrire, et qui est le fruit de la contemplation directe et immédiate de l'essence divine (2). Dieu lui-même se donne à eux avec tous les biens dont il est la plénitude. « Il n'y a plus pour eux de nuit, et ils n'ont pas besoin de la lumière du Soleil ; car Dieu est la lumière qui les éclaire et ils règneront dans tous les siècles des siècles (3). »

1. Apoc., XXI, 4.
2. Ps. VIII. 5.
3. Apoc. XXII, 5.

Dans l'ordre actuel des choses, le règne de Dieu ne se réalise que très imparfaitement ; il y a les ennemis du dehors à combattre, il y a ceux du dedans, non moins redoutables. Les justes eux-mêmes, aux prises avec le principe du péché, paient le tribut à l'infirmité de notre nature mortelle, sous le poids de l'épreuve ils gémissent, comme toute créature, dans l'attente de la Révélation des enfants de Dieu. Mais au jour de la consommation finale, Dieu régnera pleinement dans ses élus, transfigurés dans la gloire et pleinement rassasiés par la possession de la Vérité, de la Bonté, de la Beauté éternelle, ils vivront d'une vie toute divine, et Dieu sera tout en tous.

« Heureux les morts qui meurent dans le Seigneur, dès maintenant, dit l'Esprit, ils se reposeront de leurs travaux, car leurs œuvres les suivent (1). »

§ II.

Quant à décrire l'état de ces âmes bienheureuses et les conditions d'existence des corps ressuscités, nous ne pourrions le tenter qu'à l'aide de conjectures plus ou moins vraisemblables, ou d'hypothèses impossibles à vérifier. D'autres l'ont fait les uns au gré de leur imagination, les autres d'après une conception de l'univers depuis longtemps abandonnée. L'Ecriture nous apprend qu'à la place du corps corruptible, il y aura un corps incorruptible, à la place d'un corps d'ignominie un corps glorieux ; à la place d'un corps infirme un corps plein de vigueur, à la place d'un corps animal un corps spirituel (2). Grâce aux qualités glorieuses dont il sera revêtu, le corps ressuscité sera l'organe le mieux approprié au service de l'esprit parvenu lui-même à sa perfection. Il faut en dire autant du milieu dans lequel il est destiné à vivre et à déployer son activité.

La splendeur des saints rejaillira sur la création matérielle, affranchie désormais de la servitude à laquelle elle est assujettie dans l'état présent. C'est donc un monde plus beau,

1. Ibid., XIV, 13.
2. I. Cor. XV ; 42-44.

plus parfait que nous attendons, un monde à l'abri des misères qui sont ici-bas, pour l'humanité déchue, une cause de souffrance, un monde enfin dont la magnificence contribuera comme le corps ressuscité lui-même au bonheur des élus. Au surplus nous connaissons trop imparfaitement l'état futur, les qualités, les fonctions des corps glorieux pour déterminer leur mode d'activité dans le temps et dans l'espace, le lieu de leur séjour, leurs rapports avec la terre et les corps célestes. Nous savons néanmoins que certaines fonctions de la vie organique, devenues inutiles, la génération charnelle, par exemple, cesseront d'exister. « Ils seront comme les anges de Dieu dans le ciel, » dit le Sauveur (1).

Il en sera de même sans doute des fonctions nutritives désormais sans objet, puisqu'il n'y aura plus de déperdition journalière à réparer, l'incorruptibilité des corps glorieux les mettant pour toujours à l'abri de cette infirmité. « Le corps ressuscité, dit saint Thomas (2), conservera tout ce qui appartient à la perfection de la nature humaine. » Quand le Saint Docteur dit que certaines fonctions seront supprimées comme la génération charnelle et la nutrition, il veut parler de l'acte, non de la puissance ou faculté, laquelle subsistera comme partie intégrante du corps humain. Nous laissons de côté les nombreuses questions oiseuses, parfois puériles, souvent insolubles, des écrivains scolastiques sur l'état des corps après la résurrection.

1. Matth., XXII, 30.
2. Quæst., 80, a 3.

APPENDICE

ISRAEL, SA CONSERVATION PROVIDENTIELLE
ET SA CONVERSION FUTURE

§ I.

Conservation providentielle du peuple juif.

Une ère de paix, de grandeur et de prospérité succédant aux jours d'épreuves et d'humiliations, telle est la double perspective ouverte sur l'avenir de la nation juive par les prophéties messianiques. Ce peuple recevra le châtiment de ses nombreuses infidélités ; ce sera la première période, pendant laquelle les enfants d'Israël, errants parmi les nations, subiront le joug de maîtres étrangers, cette période dure encore. « Le Seigneur vous dispersera parmi tous les peuples d'une extrémité de la terre à l'autre ; étant même parmi ces peuples, vous ne trouverez aucun repos, ni même où asseoir la plante de vos pieds ; car le Seigneur vous donnera un cœur agité de crainte (1). « Daniel (2) plonge encore plus avant dans le lointain avenir ; il prédit la désolation suprême de la ville et du temple ; il décrit les calamités qui fondront un jour sur ce peuple coupable, devenu, malgré ses crimes, un objet de pitié par la grandeur même du châtiment. Si, en effet, traînés captifs par Salmanazar, et plus tard par Nabuchodonosor, les Juifs portèrent la peine de leurs infidélités, et en particulier de leur idolâtrie, ils expient depuis dix-huit siècles le crime plus grand encore d'avoir répudié et mis à mort le Rédempteur venu pour les sauver, et avec eux le genre humain.

On a vu des empires, après avoir atteint l'apogée de leur puissance, entrer pour toujours dans la période de décadence, en parcourir toutes les phases, s'affaisser enfin et disparaître sans retour. Tel a été le sort des grandes monarchies de l'Asie, de l'Egypte, de l'Empire Romain. Ces peuples s'écroulent, ils le sentent, ils le savent ; ces lambeaux qui se détachent successivement ne laissent aucun doute sur l'effondrement prochain, inévitable, du corps entier. Et

1. Deut., XXVIII, 64, 65.
2. Dan., IX, 26, 27.

ils se résignent à mourir ; ils finissent par s'accommoder de la conquête qui a mis fin à leur existence politique ; aucun n'entrevoit l'aurore de la résurrection, aucun même n'aspire à revivre. Chez les juifs, c'est le contraire qui arrive : plus ils sont opprimés, plus les chances de restauration s'éloignent, et plus s'affermit en eux la conviction qu'Israël rentrera un jour en possession de ses privilèges et que la vérité dont il est l'apôtre sera la conquête du monde.

En attendant l'heure de la délivrance, ils défient toutes les causes de destruction, le temps, la persécution, le mépris et la haine des autres peuples, conservant avec une indomptable ténacité leur culte, leur nationalité, le type, les défauts et les qualités caractéristiques de la race. Cette race est indestructible ; elle aurait dû sombrer cent fois sous la violence des tempêtes déchaînées contre elle, ou tout au moins se fondre et disparaître insensiblement dans la masse des populations au milieu desquelles elle vivait dispersée ; et elle reste debout, traversant les siècles et les peuples, sans qu'il apparaisse aucun symptôme d'une fusion prochaine. Romains et barbares, Gaulois et Francs, Ibères et Visigoths, vainqueurs et vaincus, ont perdu leur nationalité première par le mélange des races d'où sont sorties les nations modernes : la race juive ne s'est nulle part laissée entamer ; elle a résisté à l'action modificatrice des milieux, des civilisations et des alliances matrimoniales, trop peu nombreuses d'ailleurs pour avoir sensiblement altéré le type traditionnel.

Cette résistance a été soumise à une épreuve plus dangereuse peut-être que la persécution elle-même ; nous voulons parler de l'émancipation civile qui, dans la plupart des États européens, a placé les Juifs sur le pied d'égalité avec les autres membres de la société, en leur conférant les mêmes droits qu'à tous les citoyens. On pouvait espérer que l'égalité devant la loi, en abaissant des barrières séculaires, amènerait un rapprochement précurseur d'une fusion plus complète. Cette conjecture ne s'est point réalisée : la ligne de séparation subsiste toujours aussi infranchissable. Libre d'entraves, Israël a pu lâcher la bride à cet amour effréné du lucre qui le caractérise, et quelques années lui ont suffi pour concentrer entre ses mains, aussi habiles que rapaces, une grande partie de la richesse nationale, devenir l'arbitre du monde financier, et, par suite, le maître de la situation politique. Il peuple les administrations, se glisse dans les emplois les plus élevés, soudoie les principaux organes de la presse européenne, devenus les mercenaires de la Synagogue. Comment s'étonner si son influence sur la direction des affaires publiques va grandissant tous les jours ? L'aristocratie juive, gorgée d'or et de richesses, doit sourire quand on lui parle de reprendre le chemin de la Palestine pour y rétablir le royaume de David. Qu'est-ce que la possession d'un maigre territoire, resserré dans d'aussi étroites limites, comparée à la situation prépondérante qu'elle s'est faite en Europe et dans le monde entier ?

Il ne faut pas cependant que les brillants dehors de l'édifice dérobent à nos regards la fragilité de ses fondements. Le mur de séparation est toujours debout ; il n'est pas au pouvoir des hommes de le renverser. La paix règne à la surface, et encore certains symptômes significatifs, le réveil de l'antisémitisme, par exemple, donnent-ils à penser que la base en est mal assurée. Pénétrez plus avant et vous y trouverez, d'un côté, la haine invétérée du nom chrétien et de l'Eglise, de l'autre, l'hostilité plus ou moins sourde, souvent violente, qui, dès le temps du paganisme, poursuivait le judaïsme et ses institutions. L'Eglise chrétienne n'a point d'ennemi plus perfide, plus persévérant qu'Israël. Personne n'ignore l'intervention toute-puissante de la franc-maçonnerie dans la guerre faite au catholicisme ; ce que l'on sait aussi, c'est que la franc-maçonnerie n'est qu'un instrument docile au service de la Synagogue. Déjà cependant la réaction se fait sentir ; nous parlions tout à l'heure du réveil de l'antisémitisme : on peut en assigner plusieurs causes secondaires ; il faut en chercher plus haut la cause première et principale, plus puissante que le déclin des croyances religieuses ne le ferait supposer. La malédiction prononcée contre le peuple déicide subsiste ; elle suivra son cours jusqu'au temps marqué par la divine Sagesse où la justice aura fait place à la miséricorde.

Bien aveugle celui du peuple qui refuserait de voir, dans la conservation du peuple juif, un dessein providentiel et la preuve que les destinées d'Israël ne sont pas accomplies. Le fait est d'autant plus digne d'attention qu'il a été longtemps à l'avance prévu et annoncé par les Prophètes. Le ciel et la terre passeront, mais Israël ne cessera point de former un peuple distinct ; il survivra aux révolutions des empires et verra le châtiment de ses persécuteurs, sans être enveloppé dans la ruine qui les attend. « Jacob, mon serviteur, ne t'abandonne pas à la crainte, dit le Seigneur, parce que je suis avec toi. Je ne conserverai aucune des nations parmi lesquelles je t'ai dispersé, mais pour toi, je te conserverai. Et je me contenterai de te punir selon les règles de ma justice, car je ne dois point te traiter comme innocent (1). »

Cette confiance inébranlable dans la stabilité des divines promesses a passé des prophètes au cœur de la nation, témoin le livre intitulé l'*Assomption de Moïse* (2). « Que la race de Jacob périsse entièrement, cela n'est pas possible. Tous les desseins de Dieu seront accomplis dans la suite des temps ; son alliance, scellée par un serment solennel, est affermie à jamais. »

Israël a rempli dans l'ancien monde le rôle d'apôtre et d'évangéliste, chargé de conserver la vérité traditionnelle et d'annoncer le Rédempteur à venir. C'est l'une des fins que Dieu s'est proposées en

1. Jer., XLVI, 28.
2. *Assomption de Moïse*, chap. XIX, 40.

permettant qu'il fût déporté parmi les Gentils. « Il vous a dispersés,
dit Tobie (1), parmi les nations qui l'ignorent afin que vous annon-
ciez les merveilles de sa toute puissance, et que vous leur appreniez
à connaître qu'il n'y a pas d'autre Dieu que lui. » L'apostolat, autrefois dévolu aux Juifs, appartient aujourd'hui à l'Eglise catholique ;
Israël n'en reste pas moins, jusqu'à la fin des temps, le témoin du
Christ, de sa vie et de sa mort. Il porte sur son front le signe mau-
dit qui rappelle à toutes les mémoires le mystère douloureux du
Golgotha.

§ II.

Conversion future des juifs.

« Les enfants d'Israël seront pendant longtemps sans roi, sans
prince, sans sacrifice, sans autel, sans éphod et sans théraphim. Et
après cela, ils reviendront ; ils chercheront le Seigneur leur Dieu et
David leur roi, et dans les derniers jours ils recevront avec crainte
le Seigneur et les grâces qu'il doit leur faire (2). » De longs siècles
se sont écoulés, et la prophétie d'Osée continue de s'accomplir et les
fils de Jacob sont errants sur la terre. Dieu les aurait il délaissés
pour toujours ? Nous avons répondu à cette question. L'alliance
scellée sur le Sinaï n'est point brisée ; l'épreuve aura un terme ; elle
finira par la réconciliation de Jéhovah et d'Israël. Mais sur quelles
bases et à quelles conditions doit s'opérer ce rapprochement ? Qu'en
sortira-t-il pour le peuple juif, pour l'Eglise, pour le genre humain ?
Voilà ce qu'il importe de savoir et ce que nous essaierons de dé-
couvrir, autant du moins qu'il est possible de percer, en cette matière, l'obscurité des oracles prophétiques.

Que Dieu ait contracté une alliance particulière avec la postérité
de Jacob, c'est un fait écrit à toutes les pages de l'Ancien Testament.
Ce glorieux privilège découlait naturellement de la mission confiée
au peuple juif ; Dieu l'avait choisi pour conserver la vraie religion
dans le monde et préparer l'avènement de l'ordre nouveau. Ce que
les Juifs n'ont point compris, c'est l'universalité de l'œuvre répara-
trice dont ils étaient les précurseurs, c'est l'admission de tous les
peuples au bénéfice de la Rédemption, sur le pied d'égalité avec les
enfants d'Israël. Leur orgueil se révoltait à la seule pensée d'assimi-
ler au peuple élu des nations jusque-là l'objet de sa haine et de
son mépris. Vaincus par l'évidence des prophéties, ils se résignaient
de mauvaise grâce à entr'ouvrir la porte du royaume messianique
en faveur des chrétiens issus de la gentilité, mais sous la réserve et

1. Tob., XIII, 4.
2. Os., III, 4, 5.

à la condition de s'incorporer à la nation sainte par la circoncision et la pratique des observances légales. C'était perpétuer le Judaïsme et son particularisme étroit, nier la rédemption par le Christ, étouffer dans son berceau la religion nouvelle. Parmi les Juifs convertis, tous ne surent point s'affranchir d'un préjugé si contraire à l'essence même du christianisme ; de là cette fameuse controverse des judaïsants qui troubla si profondément l'Eglise naissante.

Saint Paul fut l'apôtre suscité de Dieu pour mettre en lumière le vrai caractère de la Rédemption et en assurer le bienfait aux Gentils, sans leur imposer le joug du ritualisme mosaïque. On sait ce qu'il lui en coûta de luttes et de souffrances pour arracher l'Eglise chrétienne aux étreintes de la Synagogue. Ce qui rend juste devant Dieu, ce n'est ni la loi, ni les œuvres de la loi, mais la justice qui vient de Dieu par la foi en Jésus-Christ (1), non pas sans doute la foi morte et stérile, mais « la foi vivante qui agit par la charité (2) » : voilà le constant objet de son enseignement pendant tout le cours de son laborieux apostolat, plus de distinction entre les Juifs et les Gentils, « parce que tous n'ont qu'un même Seigneur qui répand ses richesses sur tous ceux qui l'invoquent (3). » — « Plus de différence, non seulement de juif et de gentil, de circoncis et d'incirconcis, mais de Barbares, de Scythes d'esclave et d'homme libre : Jésus-Christ tout en tous (4). » Les Juifs se réclamaient de leur ancêtre Abraham, et se prévalaient de cette glorieuse origine pour justifier leurs prétentions. Saint Paul leur enlève cette illusion. La descendance charnelle d'Abraham, par elle-même, ne confère aucun titre, aucun privilège devant Dieu. C'est à la postérité spirituelle du Saint Patriarche que les promesses ont été faites. Abraham a été justifié par la foi, et ceux-là seuls sont les vrais enfants d'Abraham qui l'ont imité dans sa foi (5). Aussi est-il appelé le Père des croyants.

On conçoit l'irritation produite chez les Juifs par une doctrine qui heurtait si violemment leurs préjugés de race, et l'on s'explique leur acharnement à poursuivre saint Paul pendant sa vie, et à décrier sa mémoire après sa mort. Lui, de son côté, ne cesse de protester de son ardent amour pour ses frères ; il est saisi d'une tristesse profonde à la vue de leur endurcissement, à tel point qu'il souhaiterait d'être anathème pour les sauver (6). Il se console par l'attente de jours meilleurs. Si en effet la loi est devenue caduque et les observances légales inutiles, il ne s'ensuit pas que Dieu ait rejeté son

1. Rom., III, 21, 22.
2. Galat., V. 6.
3. Rom., X, 12.
4. Coloss., III, 11.
5. Galat., III, 7-18.
6. Rom., IX, 1-3.

peuple. « Israël, tombé dans l'aveuglement, n'a pas trouvé ce qu'il
cherchait ; son héritage a passé à d'autres, choisis de Dieu (1). »
Mais cet aveuglement ne sera pas éternel ; un jour viendra où les
écailles tomberont des yeux de ce peuple infortuné. « Je ne veux
pas, dit l'Apôtre, vous laisser ignorer ce mystère, afin que vous ne
soyez point sages à vos propres yeux, savoir qu'une partie des Juifs
est tombée dans l'aveuglement jusqu'à ce que la plénitude des nations soit entrée (dans l'Eglise), et qu'ainsi tout Israël soit sauvé,
selon qu'il est écrit : Il sortira de Sion un Libérateur qui bannira
l'impiété de Jacob (2). »

Quant à l'époque de ce grand événement, saint Paul se borne à dire
qu'il aura lieu après que la plénitude des gentils sera entrée dans
l'Eglise. Mais que signifie cette expression, *la plénitude des gentils ?*
L'Apôtre veut-il dire que la totalité des nations doit se convertir à la
foi chrétienne avant la conversion des Juifs à l'Evangile ? S'il en est
ainsi, la prophétie n'est pas près de recevoir son accomplissement,
car plus des trois quarts des habitants du globe sont encore ensevelis
dans les ténèbres de l'idolâtrie, du schisme ou de l'hérésie, et rien
ne fait pressentir la réalisation prochaine de la promesse du Sauveur :
« Il n'y aura qu'un seul troupeau et un seul pasteur (3). » Après
tout, le bras de Dieu n'est point raccourci ; Celui qui tient dans ses
mains le sort des nations, précipite ou ralentit la marche des événements, selon les vues de sa justice et de sa miséricorde. Nous n'avons
rien de décisif à objecter contre ceux qui, en dépit des apparences
contraires, pensent que l'heure du triomphe ne tardera pas à sonner
pour l'Eglise.

Quoi qu'il en soit, l'opinion commune ne prend pas en un sens
aussi rigoureux ce que saint Paul appelle la plénitude des gentils.
Le salut a été mis à la portée de tous les hommes, l'Evangile prêché
par toute la terre, et partout la divine semence a porté ses fruits. Le
grain de sénevé est devenu un grand arbre, à l'ombre duquel ont
vécu et vivent encore des millions de fidèles appartenant à toutes
les nationalités. Pas une contrée du globe où ne se dresse l'étendard
du Christ. Toutes les races, toutes les tribus, toutes les langues sont
représentées dans le bercail commun sous la houlette du Pasteur suprême. Cette immense foule de peuples pressés dans l'Eglise peut
bien s'appeler une plénitude sans forcer le sens du texte. C'est ainsi
d'ailleurs, et dans le sens d'une diffusion moralement universelle,
que les théologiens interprètent les passages de l'Ecriture relatifs à
la catholicité de l'Eglise.

Certains esprits, frappés du mouvement intellectuel qui s'opère au

1. *Ibid* XI, 1, 2. 7.
2. *Ibid.*, XI, 25, 26.
3. Joan., X, 16.

sein du judaïsme contemporain, ont cru voir dans cette transformation l'indice d'un prochain retour à l'Evangile. L'affaiblissement des
vieux préjugés de race et de religion, en supprimant les obstacles, ne
peut, semble-t-il, que frayer une voie plus facile à la vérité. Il est
certain que le judaïsme étroit de la Synagogue, le judaïsme talmu-
dique, sous l'influence des idées modernes, a perdu du terrain dans
la partie éclairée de la nation. Est-ce un progrès ? Est-ce un acheminement vers le terme désiré ? Avant de répondre, il faudrait savoir
si et par quoi le vide a été comblé. Les coups portés au Talmud, à son
esprit exclusif, n'ont-ils pas dépassé le but et frappé au cœur le judaïsme lui-même, en tant que religion surnaturelle et révélée ? Or,
mieux vaut la foi, celle même qui se trompe d'objet, que l'indiffé-
rence et le scepticisme. Celui qui croit à l'existence d'un Dieu per-
sonnel et créateur, à la Révélation divine, au dogme de la rémuné-
ration future, est moins éloigné de la vérité que le rationaliste
orgueilleux qui a fait table rase de ses croyances et ne suit d'autre
guide que sa raison individuelle. Le rationalisme n'a jamais rappro-
ché personne du royaume de Dieu ; il laisse dans l'âme un vide plus
difficile à combler que les négations du schisme, de l'hérésie et des
cultes dissidents : ceux-ci gardent du moins la foi au surnaturel. Tel
est précisément le cas du judaïsme. Si donc l'aristocratie juive s'est
plus ou moins laissée entamer par l'incrédulité moderne, il n'y a pas
lieu de s'en réjouir. Le terrain perdu par l'Ancien Testament n'est
pas un gain pour le Nouveau : c'est un recul, non un progrès. Il
est des symptômes plus significatifs du mouvement intérieur opéré
par la grâce au sein d'Israël : nous voulons parler des admirables
conversions qui, dans ces derniers temps, ont étonné le monde et
consolé l'Eglise. Puisse l'exemple des Drach, des Ratisbonne, des
Lémann, inaugurer pour le peuple juif une ère nouvelle plus fé-
conde que celle où cherche à l'engager l'incrédulité rationaliste.

Suivant une croyance assez généralement répandue, la conversion
des Juifs précédera immédiatement le jugement dernier, suivi non
moins immédiatement de la fin du monde actuel. Cette opinion se
concilie difficilement avec les oracles des prophètes sur l'avenir réservé à la nation juive, après sa conversion. Ils y rattachent la réin-
tégration d'Israël dans la possession de la Terre Promise. Mais ils ne
se contentent pas d'annoncer ce retour ; ils y ajoutent des promesses
plus magnifiques encore. Cet événement inaugurera pour la postérité
de Jacob une ère de paix, de grandeur et de prospérité. « Je ferai
avec mes brebis une alliance de paix ; elles ne seront plus en proie
aux nations, et les bêtes de la terre ne les dévoreront plus (1). » Ces
oracles pris dans leur sens naturel supposent, entre la conversion
des Juifs et la fin du monde, un laps de temps plus ou moins con-
sidérable pendant lequel les fils de Jacob, unis à la véritable Eglise,

1. Ezech., XXXIV, 12, 13 ; XXXVII, 26.

goûteront en paix les biens spirituels et temporels promis à leurs pères. « Je vais créer des cieux nouveaux et une terre nouvelle, et tout ce qui a été auparavant s'effacera de la mémoire, sans qu'il revienne dans l'esprit. Ils bâtiront des maisons et ils les habiteront ; ils planteront des vignes et ils en mangeront les fruits... Mes élus ne travailleront point en vain... parce qu'ils sont la race bénie du Seigneur et que leurs petits-enfants le seront comme eux (1). »

La conversion d'Israël ne profitera pas à lui seul ; elle sera le signal d'une conversion générale, soit des nations encore infidèles, soit des chrétiens tombés dans le relâchement dont parle Notre-Seigneur quand il prédit le refroidissement de la charité dans le cœur de plusieurs (2). C'est du moins ce qu'il est permis de conclure des paroles de saint Paul dans ce même chapitre où il annonce, en termes si formels, la future conversion des fils de Jacob. « Si la chute des Juifs a été la richesse du monde et leur abaissement, la richesse des Gentils, leur plénitude le sera bien davantage (3). » — « Si leur réprobation a été la réconciliation du monde, leur rappel sera (pour le monde) le retour à la vie (4). »

Ce sera le grand festin de l'Eglise, célébré par saint Grégoire le Grand. « J'ouvre avec plaisir les yeux de la foi, dit ce saint Docteur, pour contempler ce dernier festin que sera l'Eglise en réjouissance du retour d'Israël. Ce sera le grand Elie qui viendra pour les y inviter, et alors les parents et les amis de Job (c'est-à-dire de Jésus-Christ souffrant dans ses membres viendront trouver, avec des présents, celui qu'ils ne regardaient qu'avec mépris lorsqu'ils le voyaient dans l'affliction. Car lorsque le jour du jugement approchera, la puissance du Seigneur qui sera près de venir se fera sentir à eux ; ils seront frappés, en quelque sorte par avance, par les rayons de sa gloire qui leur sera manifestée soit par les prédications de ce précurseur, soit par divers signes extraordinaires, de sorte que, voulant prévenir sa colère, ils se hâteront de retourner à lui, fortifiés par les prédications de ce grand prophète. Non seulement les vrais fidèles persévéreront dans leur attachement à la sainte Eglise, mais beaucoup d'infidèles se convertiront à la foi, et le reste du peuple d'Israël, auparavant rejeté, rentrera alors avec une ferveur admirable dans le sein de l'Eglise, leur Mère commune (5). » V. le remarquable ouvrage de M. de Lambilly, intitulé: *Les Juifs devant les nations* (Victor Retaux).

1. Isaïe, LXV, 17, 21, 23.
2. Matth., XXIV, 12.
3. Rom., 12.
4. Ib., 15.
5. Comment. in Job.

TABLE DES MATIÈRES

APPENDICE